आषाढ़ का एक दिन

आषाढ़ का एक दिन

मोहन राकेश

राजपाल

इस नाटक का मंचन करने तथा इसको आंशिक या सम्पूर्ण रूप से उद्धृत करने के लिए निम्नलिखित पते पर पूर्व अनुमति लेना आवश्यक है :

श्रीमती अनीता औलक
द्वारा, राजपाल एण्ड सन्ज़
कश्मीरी गेट, दिल्ली–6

स्थापित 1912
100 वर्षों की श्रेष्ठ प्रकाशन परम्परा
राजपाल

₹ 199

ISBN : 9788170284000

ASHADH KA EK DIN (Play) by Mohan Rakesh

मुद्रक : जी. एस. ऑफसेट, दिल्ली

राजपाल एण्ड सन्ज़

1590, मदरसा रोड, कश्मीरी गेट, दिल्ली-110006
फोन : 011-23869812, 23865483, 23867791
website : www.rajpalpublishing.com
e-mail : sales@rajpalpublishing.com
www.facebook.com/rajpalandsons

दो शब्द

हिन्दी नाटक रंगमंच की किसी विशेष परम्परा के साथ अनुस्यूत नहीं है। पाश्चात्य रंगमंच की उपलब्धियाँ ही हमारे सामने हैं। परन्तु न तो हमारा जीवन उन सब उपलब्धियों की माँग करता है, और न ही यह सम्भव प्रतीत होता है कि हम उस रंगशिल्प को व्यापक रूप से ज्यों का त्यों अपने यहाँ प्रतिष्ठित कर दें।

हिन्दी रंगमंच के विकास से निस्सन्देह यह अभिप्राय नहीं है कि अत्याधुनिक सुविधाओं से सम्पन्न रंगशालाएँ राजकीय या अर्द्धराजकीय संस्थाओं द्वारा जहाँ-तहाँ बनवा दी जाएँ जिससे वहाँ हिन्दी नाटकों का प्रदर्शन किया जा सके। प्रश्न केवल आर्थिक सुविधा का ही नहीं, एक सांस्कृतिक दृष्टि का भी है। हिन्दी रंगमंच को हिन्दी-भाषी प्रदेश की सांस्कृतिक पूर्तियों और आकाँक्षाओं का प्रतिनिधित्व करना होगा, रंगों और राशियों के हमारे विवेक को व्यक्त करना होगा। हमारे दैनंदिन जीवन के राग-रंग को प्रस्तुत करने के लिए, हमारे सम्वेदों और स्पन्दनों को अभिव्यक्त करने के लिए, जिस रंगमंच की आवश्यकता है, वह पाश्चात्य रंगमंच से कहीं भिन्न होगा। इस रंगमंच का रूपविधान नाटकीय प्रयोगों के अभ्यन्तर से जन्म लेगा और समर्थ अभिनेताओं तथा दिग्दर्शकों के हाथों उसका विकास होगा।

सम्भव है यह नाटक उन सम्भावनाओं की खोज में कुछ योग दे सके।

वसन्त, 1958 **—मोहन राकेश**

पात्र

अम्बिका	:	ग्राम की एक वृद्धा
मल्लिका	:	उसकी पुत्री
कालिदास	:	कवि
दन्तुल	:	राजपुरुष
मातुल	:	कवि-मातुल
निक्षेप	:	ग्राम-पुरुष
विलोम	:	ग्राम-पुरुष
रंगिणी	:	नागरी
संगिनी	:	नागरी
अनुस्वार	:	अधिकारी
अनुनासिक	:	अधिकारी
प्रियंगुमंजरी	:	राजकन्या—कवि-पत्नी

अंक एक

परदा उठने से पूर्व हल्का-हल्का मेघ-गर्जन और वर्षा का शब्द, जो परदा उठने के अनन्तर भी कुछ क्षण चलता रहता है। फिर धीरे-धीरे धीमा पड़कर विलीन हो जाता है।

परदा धीरे-धीरे उठता है।

एक साधारण प्रकोष्ठ। दीवारें लकड़ी की हैं, परन्तु निचले भाग में चिकनी मिट्टी से पोती गई हैं। बीच-बीच में गेरू से स्वस्तिक-चिह्न बने हैं। सामने का द्वार अँधेरी ड्योढ़ी में खुलता है। उसके दोनों ओर छोटे-छोटे ताक हैं जिनमें मिट्टी के बुझे हुए दीये रखे हैं। बायीं ओर का द्वार दूसरे प्रकोष्ठ में जाने के लिए है। द्वार खुला होने पर उस प्रकोष्ठ में बिछे तल्प का एक कोना ही दिखाई देता है। द्वारों के किवाड़ भी मिट्टी से पोते गये हैं और उन पर गेरू एवं हल्दी से कमल तथा शंख बनाये गये हैं। दायीं ओर बड़ा-सा झरोखा है, जहाँ से बीच-बीच में बिजली कौंधती दिखायी देती है।

प्रकोष्ठ में एक ओर चूल्हा है। आस-पास मिट्टी और कांसे के बरतन सहेजकर रखे हैं। दूसरी ओर, झरोखे से कुछ हटकर तीन-चार बड़े-बड़े कुम्भ रखे हैं जिन पर कालिख और काई जमी है। उन्हें कुशा से ढक कर ऊपर पत्थर रख दिए गये हैं।

झरोखे से सटा एक लकड़ी का आसन है, जिस पर बाघ-छाल बिछी है। चूल्हे के निकट दो चौकियाँ हैं। उन्हीं में से एक पर बैठी अम्बिका छाज में धान फटक रही है। एक बार झरोखे की ओर देखकर वह लम्बी साँस लेती है फिर व्यस्त हो जाती है।

सामने का द्वार खुलता है और मल्लिका गीले वस्त्रों में काँपती-सिमटती अन्दर आती है। अम्बिका आँखें झुकाये व्यस्त रहती है। मल्लिका क्षण-भर ठिठकती है, फिर अम्बिका के पास आ जाती है।

मल्लिका : आषाढ़ का पहला दिन और ऐसी वर्षा माँ!...ऐसी धारासार वर्षा! दूर-दूर तक की उपत्यकाएँ भीग गयीं।..और मैं भी तो! देखो न माँ, कैसी भीग गयी हूँ!

अम्बिका उस पर सिर से पैर तक एक दृष्टि डालकर फिर व्यस्त हो जाती है। मल्लिका घुटनों के बल बैठकर उसके कन्धे पर सिर रख देती है।

गयी थी कि दक्षिण से उड़कर आती बकुल-पंक्तियों को देखूँगी, और देखो सब वस्त्र भिगो आयी हूँ।

उसके केशों को चूमकर खड़ी होती हुई ठण्ड से सिहर जाती है।

सूखे वस्त्र कहाँ हैं माँ? इस तरह खड़ी रही तो जुड़ा जाऊँगी।...तुम बोलतीं क्यों नहीं?

अम्बिका आक्रोश की दृष्टि से उसे देखती है।

अम्बिका : सूखे वस्त्र अन्दर तल्प पर हैं।

मल्लिका : तुमने पहले से ही निकालकर रख दिये?

अन्दर को चल देती है।

तुम्हें पता था मैं भीग जाऊँगी। और मैं जानती थी तुम चिन्तित होगी। परन्तु माँ...

द्वार के पास मुड़कर अम्बिका की ओर देखती है।

...मुझे भीगने का तनिक खेद नहीं। भीगती नहीं तो आज मैं वंचित रह जाती।

द्वार से टेक लगा लेती है।

चारों ओर धुंआरे मेघ घिर आये थे। मैं जानती थी वर्षा होगी। फिर भी मैं घाटी की पगडंडी पर नीचे-नीचे उतरती गयी। एक बार मेरा अंशुक भी हवा ने उड़ा दिया। फिर बूँदें पड़ने लगीं।

अम्बिका से आँखें मिल जाती हैं।

वस्त्र बदल लूँ फिर आकर तुम्हें बताती हूँ। वह बहुत अद्भुत अनुभव था माँ, बहुत अद्भुत।

अन्दर चली जाती है। अम्बिका उठकर फटके हुए धान को एक कुम्भ में डाल देती है और दूसरे कुम्भ से नया धान निकाल लेती है। अन्दर के प्रकोष्ठ से मल्लिका के शब्द सुनायी देते रहते हैं। बीच-बीच में उसकी झलक भी दिखायी दे जाती है।

नील कमल की तरह कोमल और आर्द्र, वायु की तरह हल्का और स्वप्न की तरह चित्रमय! मैं चाहती थी उसे अपने में भर लूँ और आँखें मूँद लूँ।...मेरा तो शरीर भी निचुड़ रहा है माँ! कितना पानी इन वस्त्रों ने पिया है! ओह!

शीत की चुभन के बाद उष्णता का यह स्पर्श!

गुनगुनाने लगती है।

कुवलयदलनीलैरुन्नतैस्तोयनम्रै...गीले वस्त्र कहाँ डाल दूँ माँ? यहीं रहने दूँ?

मृदुपवनविधूतैर्मन्दमन्दं चलद्भि...अपहृतमिव चेतस्तोयदैः सेन्द्रचापैः...पथिकजनवधूनां तद्वियोगा कुलानाम्।

बाहर आ जाती है।

माँ, आज के वे क्षण मैं कभी नहीं भूल सकती। सौन्दर्य का ऐसा साक्षात्कार मैंने कभी नहीं किया। जैसे वह सौन्दर्य अस्पृश्य होते हुए भी माँसल हो। मैं उसे छू सकती थी, देख सकती थी, पी सकती थी। तभी मुझे अनुभव हुआ कि वह क्या है जो भावना को कविता का रूप देता है। मैं जीवन में पहली बार समझ पायी कि क्यों कोई पर्वत-शिखरों को सहलाती मेघ-मालाओं में खो जाता है, क्यों किसी को अपने तन-मन की अपेक्षा आकाश में बनते-मिटते चित्रों का इतना मोह हो रहता है।...क्या बात है माँ? इस तरह चुप क्यों हो?

अम्बिका : देख रही हो मैं काम कर रही हूँ।

मल्लिका : काम तो तुम हर समय करती हो। परन्तु हर समय इस तरह चुप नहीं रहतीं।

अम्बिका के पास आ बैठती है। अम्बिका चुपचाप धान फटकती रहती है। मल्लिका उसके हाथ से छाज ले लेती है।

मैं तुम्हें काम नहीं करने दूँगी।...मुझसे बात करो।

अम्बिका : क्या बात करूँ?

मल्लिका : कुछ भी कहो। मुझे डाँटो कि भीगकर क्यों आयी हूँ। या कहो कि तुम थक गयी हो, इसलिए शेष धान मैं फटक दूँ। या कहो कि तुम घर में अकेली थीं।, इसलिए तुम्हें अच्छा नहीं लग रहा था।

अम्बिका : मुझे सब अच्छा लगता है।

छाज उससे ले लेती है।

और मैं घर में दुकेली कब होती हूँ? तुम्हारे यहाँ रहते मैं अकेली नहीं होती?

मल्लिका : मैं तुम्हें काम नहीं करने दूँगी।

फिर छाज उसके हाथ से ले लेती है और कुम्भों के पास रख आती है।

मेरे घर में रहते भी तुम अकेली होती हो?...कभी तो मेरी भर्त्सना करती हो कि मैं घर में रहकर तुम्हारे सब कामों में बाधा डालती हूँ, और कभी कहती हो...

पीठ के पीछे से उसके गले में बाँहें डाल देती है।

मुझे बताओ तुम इतनी गम्भीर क्यों हो?

अम्बिका : दूध औटा दिया है। शर्करा मिला लो और पी लो...।

मल्लिका : नहीं, तुम पहले बताओ।

अम्बिका : और जाकर थोड़ी देर तल्प पर विश्राम कर लो। मुझे अभी...।

मल्लिका : नहीं माँ, विश्राम नहीं करना है। थकी कहाँ हूँ जो विश्राम करूँ? मुझे तो अब भी अपने में बरसती बूँदों के पुलक का अनुभव हो रहा है। रोम अभी तक सीज रहे हैं। ...तुम बताती क्यों नहीं हो? ऐसे करोगी तो मैं भी तुमसे बात नहीं करूँगी।

अम्बिका कुछ न कहकर आँचल से आँखें पोंछती है और उसे पीछे से हटाकर पास की चौकी पर बैठा देती है। मल्लिका क्षण-भर चुपचाप उसकी ओर देखती रहती है।

क्या हुआ है, माँ! तुम रो क्यों रही हो?

अम्बिका : कुछ नहीं मल्लिका! कभी बैठे-बैठे मन उदास हो जाता है।

मल्लिका : बैठे-बैठे मन उदास हो जाता है, परन्तु बैठे-बैठे रोया तो नहीं जाता।...तुम्हें मेरी सौगन्ध है माँ, जो मुझे नहीं बताओ।

दूर कुछ कोलाहल और घोड़ों की टापों का शब्द सुनाई देता है। अम्बिका उठकर झरोखे के पास चली जाती है। मल्लिका क्षण-भर बैठी रहती है, फिर वह भी जाकर झरोखे से देखने लगती है। टापों का शब्द पास आकर दूर चला जाता है।

मल्लिका : ये कौन लोग हैं माँ?

अम्बिका : सम्भवतः राज्य के कर्मचारी हैं।

मल्लिका : ये यहाँ क्या कर रहे हैं?

अम्बिका : जाने क्या कर रहे हैं!...कभी वर्षों में ये आकृतियाँ यहाँ दिखाई देती हैं। और जब भी दिखाई देती हैं, कोई न

कोई अनिष्ट होता है। कभी युद्ध की सूचना आती है, कभी महामारी की।

लम्बी साँस लेती है।

पिछली महामारी में जब तुम्हारे पिता की मृत्यु हुई, तब भी मैंने ये आकृतियाँ यहाँ देखी थीं।

मल्लिका सिर से पैर तक सिहर जाती है।

मल्लिका : परन्तु आज ये लोग यहाँ किसलिए आए हैं?

अम्बिका : न जाने किसलिए आये हैं।

अम्बिका फिर छाज उठाने लगती है, परन्तु मल्लिका उसे बाँह से पकड़कर रोक लेती है।

मल्लिका : माँ, तुमने बात नहीं बताई।

अम्बिका पल-भर उसे स्थिर दृष्टि से देखती रहती है। उसकी आँखें झुक जाती हैं।

अम्बिका : अग्निमित्र आज लौट आया है।

छाज उठाकर अपने स्थान पर चली जाती है। मल्लिका वहीं खड़ी रहती है।

मल्लिका : लौट आया है? कहाँ से?

अम्बिका : जहाँ मैंने उसे भेजा था।

मल्लिका : तुमने भेजा था?

होंठ फड़फड़ाने लगते हैं। वह बढ़कर अम्बिका के पास आ जाती है।

किन्तु मैंने तुमसे कहा था, अग्निमित्र को कहीं भेजने की आवश्यकता नहीं है।

क्रमशः स्वर में और उत्तेजना आ जाती है।

तुम जानती हो मैं विवाह नहीं करना चाहती, फिर उसके लिए प्रयत्न क्यों करती हो? तुम समझती हो मैं निरर्थक प्रलाप करती हूँ?

अम्बिका धान को मुट्ठी में ले-लेकर जैसे मसलती हुई छाज में गिराने लगती है।

अम्बिका : मैं देख रही हूँ तुम्हारी बात ही सच होने जा रही है। अग्निमित्र सन्देश लाया है कि वे लोग इस सम्बन्ध के लिए प्रस्तुत नहीं हैं। कहते हैं...

मल्लिका : क्या कहते हैं? क्या अधिकार है उन्हें कुछ भी कहने का? मल्लिका का जीवन उसकी अपनी सम्पत्ति है। वह उसे नष्ट करना चाहती है तो किसी को उस पर आलोचना करने का क्या अधिकार है?

अम्बिका : मैं कब कहती हूँ मुझे अधिकार है?

मल्लिका सिर झटककर अपनी उत्तेजना को दबाने का प्रयत्न करती है।

मल्लिका : मैं तुम्हारे अधिकार की बात नहीं कह रही।

अम्बिका : तुम न कहो, मैं कह रही हूँ। आज तुम्हारा जीवन तुम्हारी सम्पत्ति है। मेरा तुम पर कोई अधिकार नहीं है।

मल्लिका पास की चौकी पर बैठकर उसके कन्धे पर हाथ रख देती है।

मल्लिका : ऐसा क्यों कहती हो?...तुम मुझे समझने का प्रयत्न क्यों नहीं करतीं?

अम्बिका उसका हाथ कन्धे से हटा देती है।

अम्बिका : मैं जानती हूँ तुम पर आज अपना अधिकार भी नहीं है। किन्तु...इतना बड़ा अपवाद मुझसे नहीं सहा जाता है।

मल्लिका बाँहें घुटनों पर रखकर उन पर सिर टिका लेती है।

मल्लिका : मैं जानती हूँ माँ, अपवाद होता है। तुम्हारे दुःख की बात भी जानती हूँ। फिर भी मुझे अपराध का अनुभव

नहीं होता। मैंने भावना में एक भावना का वरण किया है। मेरे लिए वह सम्बन्ध और सब सम्बन्धों से बड़ा है। मैं वास्तव में अपनी भावना से प्रेम करती हूँ जो पवित्र है, कोमल है, अनश्वर है...।

अम्बिका के चेहरे पर रेखाएँ खिंच जाती हैं।

अम्बिका : और मुझे ऐसी भावना से वितृष्णा होती है। पवित्र, कोमल और अनश्वर! हँ!

मल्लिका : माँ, तुम मुझ पर विश्वास क्यों नहीं करतीं?

अम्बिका : तुम जिसे भावना कहती हो वह केवल छलना और आत्म-प्रवंचना है।...भावना में भावना का वरण किया है!...मैं पूछती हूँ भावना में भावना का वरण क्या होता है? उससे जीवन की आवश्यकताएँ किस तरह पूरी होती हैं?...भावना में भावना का वरण! हँ!

मल्लिका क्षण-भर छत की ओर देखती रहती है!

मल्लिका : जीवन की स्थूल आवश्यकताएँ ही तो सब कुछ नहीं हैं, माँ! उनके अतिरिक्त भी तो बहुत कुछ है।

अम्बिका फिर धान फटकने लगती है।

अम्बिका : होगा! मैं नहीं जानती।

मल्लिका कुछ क्षण अम्बिका की ओर देखती रहती है।

मल्लिका : सच तो यह है माँ, कि ग्राम के अन्य व्यक्तियों की तरह तुम भी उन्हें सन्देह और वितृष्णा की दृष्टि से देखती हो।

अम्बिका : ग्राम के अन्य लोग उसे उतना नहीं जानते जितना मैं जानती हूँ।

क्षण-भर दोनों की आँखें मिली रहती हैं।

मैं उससे घृणा करती हूँ।

मल्लिका के चेहरे पर व्यथा, आवेश तथा विवशता की रेखाएँ एक साथ खिंच जाती हैं।

मल्लिका : माँ!

अम्बिका : अन्य लोगों को उससे क्या प्रयोजन है! परन्तु मुझे है। उसके प्रभाव से मेरा घर नष्ट हो रहा है।

ड्योढ़ी की ओर से कालिदास के शब्द सुनाई देने लगते हैं। अम्बिका के माथे की रेखाएँ गहरी हो जाती हैं। वह छाज लिए उठ खड़ी होती है। क्षण-भर ड्योढ़ी की ओर देखती रहती है, फिर अन्दर को चल देती है।

मल्लिका : ठहरो माँ, तुम चल क्यों दीं?

अम्बिका : माँ का जीवन भावना नहीं, कर्म है। उसे घर में बहुत कुछ करना है।

चली जाती है। कालिदास एक हरिणशावक को बाँहों में लिए पुचकारता हुआ आता है। हरिणशावक के शरीर से लहू टपक रहा है।

कालिदास : हम जिएँगे हरिणशावक! जिएँगे न? एक बाण से आहत होकर हम प्राण नहीं देंगे। हमारा शरीर कोमल है, तो क्या हुआ? हम पीड़ा सह सकते हैं। एक बाण प्राण ले सकता है, तो उँगलियों का कोमल स्पर्श प्राण दे भी सकता है। हमें नए प्राण मिल जाएँगे। हम कोमल आस्तरण पर विश्राम करेंगे। हमारे अंगों पर घृत का लेप होगा। कल हम फिर वनस्थली में घूमेंगे। कोमल दूर्वा खाएँगे। खाएँगे न?

मल्लिका अपने को सहेजकर द्वार की ओर जाती है।

मल्लिका : यह आहत हरिणशावक?...यहाँ ऐसा कौन व्यक्ति है जिसने इसे आहत किया? क्या दक्षिण की तरह यहाँ भी...?

कालिदास : आज ग्राम-प्रदेश में कई नयी आकृतियाँ देख रहा हूँ।,

झरोखे के पास जाकर आसन पर बैठ जाता है।

राज्य के कुछ कर्मचारी आये हैं।

हरिणशावक को वक्ष से सटाकर थपथपाने लगता है।

हम सोएँगे? हाँ, हम थोड़ी देर सो लेंगे तो हमारी पीड़ा दूर हो जाएगी। परन्तु उससे पहले हमें थोड़ा दूध पी लेना है।...मल्लिका, थोड़ा दूध हो तो किसी भाजन में ले आओ।

मल्लिका : माँ ने दूध औटाकर रखा है। देखती हूँ।

चूल्हे के निकट रखे बरतनों के पास जाकर देखने लगती है।

अभी-अभी दो-तीन राज-कर्मचारियों को हमने घोड़ों पर जाते देखा है। माँ कहती हैं कि जब भी ये लोग आते हैं, कोई न कोई अनिष्ट होता है। वर्षा के रोमांच के बाद...मुझे यह सब बहुत विचित्र लगा।

दूध का बरतन उठाकर दूध खुले बरतन में उँडेलने लगती है।

माँ आज बहुत रुष्ट हैं।

कालिदास हरिणशावक को बाँहों में झुलाने लगता है।

कालिदास : हम पहले से सुखी हैं। हमारी पीड़ा धीरे-धीरे दूर हो रही है। हम स्वस्थ हो रहे हैं...न जाने इसके रूई जैसे कोमल शरीर पर उससे बाण छोड़ते बना कैसे? यह कुलांच भरता मेरी गोद में आ गया। मैंने कहा, तुझे वहाँ ले चलता हूँ जहाँ तुझे अपनी माँ की-सी आँखें और उसका-सा ही स्नेह मिलेगा।

मल्लिका की ओर देखता है। मल्लिका दूध लिए पास आ जाती है।

मल्लिका : सच, माँ आज बहुत रुष्ट हैं। माँ को अनुमान हो गया होगा कि वर्षा में मैं तुम्हारे साथ थी, नहीं तो इस तरह भीगकर न आती। माँ को अपवाद की बहुत चिन्ता रहती है...।

कालिदास : दूध मुझे दे दो और इसे बाँहों में ले लो।

दूध का भाजन उसके हाथ से ले लेता है। मल्लिका हरिणशावक को बाँहों में लेकर उसका मुँह दूध के निकट ले जाती है। कालिदास भाजन को उसके और निकट कर देता है।

हम दूध नहीं पिएँगे? नहीं हम ऐसा हठ नहीं करेंगे! हम दूध अवश्य पिएँगे।

राजपुरुष दन्तुल ड्योढ़ी से आकर द्वार के पास रुक जाता है। क्षण-भर वह उन्हें देखता रहता है। कालिदास हरिण का मुँह दूध से मिला देता है।

ऐसे...ऐसे।

दन्तुल बढ़कर उनके निकट आता है।

दन्तुल : दूध पिलाकर इसके माँस को और कोमल कर लेना चाहते हो?

कालिदास और मल्लिका चौंककर उसे देखते हैं। मल्लिका हरिणशावक को लिए थोड़ा पीछे हट जाती है। कालिदास दूध का भाजन आसन पर रख देता है।

कालिदास : जहाँ तक मैं जानता हूँ, हम लोग परिचित नहीं हैं। तुम्हारा एक अपरिचित घर में आने का साहस कैसे हुआ?

दन्तुल एक बार मल्लिका की ओर देखता है, फिर कालिदास की ओर।

दन्तुल : कैसी आकस्मिक बात है कि ऐसा ही प्रश्न मैं तुमसे पूछना चाहता था। हमारा कभी का परिचय नहीं, फिर भी मेरे बाण से आहत हरिण को उठा ले आने में तुम्हें संकोच नहीं हुआ? यह तो कहो कि द्वार तक रक्त-बिन्दुओं के चिह्न बने हैं, अन्यथा इन बादलों से घिरे दिन में मैं तुम्हारा अनुसरण कर पाता?

कालिदास : देख रहा हूँ कि तुम इस प्रदेश के निवासी नहीं हो।

दन्तुल व्यंग्यात्मक हँसी हँसता है।

दन्तुल : मैं तुम्हारी दृष्टि की प्रशंसा करता हूँ। मेरी वेश-भूषा ही इस बात का परिचय देती है कि मैं यहाँ का निवासी नहीं हूँ।

कालिदास : मैं तुम्हारी वेश-भूषा को देखकर नहीं कह रहा।

दन्तुल : तो क्या मेरे ललाट की रेखाओं को देखकर? जान पड़ता है चोरी के अतिरिक्त सामुद्रिक का भी अभ्यास करते हो।

मल्लिका चोट खाई-सी कुछ आगे आती है।

मल्लिका : तुम्हें ऐसा लाँछन लगाते लज्जा नहीं आती?

दन्तुल : क्षमा चाहता हूँ देवि? परन्तु यह हरिणशावक, जिसे बाँहों में लिए हैं, मेरे बाण से आहत हुआ है। इसलिए यह मेरी सम्पत्ति है। मेरी सम्पत्ति मुझे लौटा तो देंगी?

कालिदास : इस प्रदेश में हरिणों का आखेट नहीं होता राजपुरुष! तुम बाहर से आए हो, इसलिए इतना ही पर्याप्त है कि हम इसके लिए तुम्हें अपराधी न मानें।

दन्तुल : तो राजपुरुष के अपराध का निर्णय ग्रामवासी करेंगे! ग्रामीण युवक, अपराध और न्याय का शब्दार्थ भी जानते हो!

कालिदास : शब्द और अर्थ राजपुरुषों की सम्पत्ति है, जानकर आश्चर्य हुआ।

दन्तुल : समझदार व्यक्ति जान पड़ते हो। फिर भी यह नहीं जानते हो कि राजपुरुषों के अधिकार बहुत दूर तक जाते हैं। मुझे देर हो रही है। यह हरिणशावक मुझे दे दो।

कालिदास : यह हरिणशावक इस पार्वत्य-भूमि की सम्पत्ति है, राजपुरुष! और इसी पार्वत्य-भूमि के निवासी हम इसके सजातीय हैं। तुम यह सोचकर भूल कर रहे हो कि हम इसे तुम्हारे हाथ में सौंप देंगे।...मल्लिका, इसे अन्दर ले जाकर तल्प पर या किसी आस्तरण पर...

अम्बिका सहसा अन्दर से आती है।

अम्बिका : इस घर के तल्प और आस्तरण हरिणशावकों के लिए नहीं हैं।

मल्लिका : तुम देख रही हो माँ...!

अम्बिका : हाँ, देख रही हूँ। इसीलिए तो कह रही हूँ। तल्प और आस्तरण मनुष्यों के सोने के लिए हैं, पशुओं के लिए नहीं।

कालिदास : इसे मुझे दे दो, मल्लिका!

दूध का भाजन नीचे रख देता है और बढ़कर हरिणशावक को अपनी बाँहों में ले लेता है।

इसके लिए मेरी बाँहों का आस्तरण ही पर्याप्त होगा। मैं इसे घर ले जाऊँगा।

द्वार की ओर चल देता है।

दन्तुल : और राजपुरुष दन्तुल तुम्हें ले जाते देखता रहेगा!

कालिदास : यह राजपुरुष की रुचि पर निर्भर करता है।

बिना उसकी ओर देखे ड्योढ़ी में चला जाता है।

दन्तुल : राजपुरुष की रुचि-अरुचि क्या होती है, सम्भवतः इसका परिचय तुम्हें देना आवश्यक होगा।

कालिदास बाहर चला जाता है। केवल उसका शब्द ही सुनाई देता है।

कादिास : सम्भवतः।

दन्तुल : सम्भवतः?

तलवार की मूठ पर हाथ रखे उसके पीछे जाना चाहता है। मल्लिका शीघ्रता से द्वार के सामने खड़ी हो जाती है।

मल्लिका : ठहरो, राजपुरुष! हरिणशावक के लिए हठ मत करो। तुम्हारे लिए प्रश्न अधिकार का है, उनके लिए सम्वेदना का, कालिदास निःशस्त्र होते हुए भी तुम्हारे शस्त्र की चिन्ता नहीं करेंगे।

दन्तुल : कालिदास?...तुम्हारा अर्थ है कि मैं जिनसे हरिणशावक के लिए तर्क कर रहा था, वे कवि कालिदास हैं?

मल्लिका : हाँ-हाँ। परन्तु तुम कैसे जानते हो कि कालिदास कवि हैं?

दन्तुल : कैसे जानता हूँ! उज्जयिनी की राज्य-सभा का प्रत्येक व्यक्ति 'ऋतु-संहार' के लेखक कवि कालिदास को जानता है।

मल्लिका : उज्जयिनी की राज्य-सभा का प्रत्येक व्यक्ति उन्हें जानता है?

दन्तुल : सम्राट् ने स्वयं 'ऋतु-संहार' पढ़ा और उसकी प्रशंसा की है। इसलिए आज उज्जयिनी का राज्य 'ऋतु-संहार' के लेखक का सम्मान करना और उन्हें राजकवि का आसन देना चाहता है। आचार्य वररुचि इसी उद्देश्य से उज्जयिनी से यहाँ आए हैं।

मल्लिका सुनकर स्तम्भित-सी हो रहती है।

मल्लिका : उज्जयिनी का राज्य उन्हें सम्मान देना चाहता है? राजकवि का आसन...?

दन्तुल : मुझे खेद है मैंने उनके साथ अशिष्टता का व्यवहार किया। मुझे जाकर उनसे क्षमा माँगनी चाहिए।

चला जाता है। मल्लिका कुछ क्षण उसी तरह खड़ी रहती है। फिर सहसा जैसे उसकी चेतना लौट आती है। अम्बिका इस बीच दूध का भाजन उठाकर कोने में रख देती है। जिस पात्र में पहले दूध रखा था, उसे देखती है। उसमें जो दूध शेष है, उसे एक छोटे पात्र में डालकर शक्कर मिलाने लगती है। हाथ ऐसे अस्थिर हैं जैसे वह अन्दर ही अन्दर बहुत

उत्तेजित हो। मल्लिका निचला होंठ दाँतों में दबाए दौड़कर उसके निकट आती है।

मल्लिका : तुमने सुना माँ...राज्य उन्हें राजकवि का आसन देना चाहता है?

अम्बिका हाथ से गिरते दूध के पात्र को किसी तरह सँभाल लेती है।

अम्बिका : गीले वस्त्र मैंने सूखने के लिए फैला दिये हैं। थोड़ा-सा दूध शेष है, इसमें शर्करा मिला दी है।

मल्लिका : तुमने सुना नहीं माँ, राजपुरुष क्या कह रहा था?

अम्बिका : दूध पी लो। आशा करती हूँ कि अब यहाँ किसी और का आतिथ्य नहीं होना है।

मल्लिका : आतिथ्य?...मैं चाहती हूँ आज इस घर में सारे संसार का आतिथ्य कर सकूँ।

दूध का पात्र अम्बिका के हाथ से ले लेती है।

तुम्हें इस दूध से नहला दूँ, माँ?

पात्र ऊँचा उठा देती है। अम्बिका पात्र उसके हाथ से ले लेती है।

अम्बिका : मैं दूध से बहुत नहा चुकी हूँ।

मल्लिका : तुम कितनी निष्ठुर हो, माँ! तुमने सुना नहीं, राज्य उन्हें सम्मान दे रहा है? फिर भी तुम...।

अम्बिका : दूध पी लो। और फिर से वर्षा में भीगने का मोह न हो, तो मैं तुम्हारे लिए आस्तरण बिछा दूँ।...मैं जैसी निष्ठुर हूँ, रहने दो।

मल्लिका उसके गले में बाँहें डाल देती है।

मल्लिका : नहीं, तुम निष्ठुर नहीं हो। मैंने कब कहा है तुम निष्ठुर हो?

अम्बिका : नहीं, तुमने नहीं कहा। दूध पी लो।

मल्लिका दूध का पात्र उसके हाथ से लेकर एक घूँट में दूध पी जाती है और पात्र कोने में रख देती है। फिर अम्बिका का हाथ खींचकर उसे बिठा देती है और स्वयं उसकी गोदी में लेट जाती है।

मल्लिका : माँ, तुम सोच सकती हो आज मैं कितनी प्रसन्न हूँ?

अम्बिका : मेरे पास कुछ भी सोचने की शक्ति नहीं है। अब उठ जाने दो, मुझे बहुत काम करना है।

उठने का प्रयत्न करती है। मल्लिका उसे रोके रहती है।

मल्लिका : नहीं, उठो नहीं। इसी तरह बैठी रहो...राज्य उन्हें सम्मान दे रहा है, माँ! उन्हें राजकवि का आसन प्राप्त होगा...

सहसा अम्बिका की गोदी से हटकर बैठ जाती है।

...उस व्यक्ति को, जिसे उसके निकट के लोगों ने आज तक समझने का प्रयत्न नहीं किया। जिसे घर में और घर से बाहर केवल लांछना और प्रताड़ना ही मिली है। ...अब तो तुम विश्वास करती हो माँ, कि मेरी भावना निराधार नहीं है।

अम्बिका उठ खड़ी होती है।

अम्बिका : मैं कह चुकी हूँ, मेरी सोचने-समझने की शक्ति जड़ हो चुकी है।

मल्लिका : क्यों माँ? क्यों तुम्हें इतना पूर्वाग्रह है? क्यों तुम उनके सम्बन्ध में उदारतापूर्वक नहीं सोच सकतीं?

अम्बिका : मेरी वह अवस्था बीत चुकी है जब यथार्थ से आँखें मूँद कर जिया जाता है।

अन्दर जाने लगती है। मल्लिका उठकर खड़ी हो जाती है।

मल्लिका : और तुम्हारी यथार्थ दृष्टि केवल दोष ही दोष देखती है?

अम्बिका मुड़कर पल-भर उसे देखती रहती है।

अम्बिका : जहाँ दोष है, वहाँ अवश्य वह दोष देखती है।

मल्लिका : उनमें तुम्हें क्या दोष दिखाई देता है?

अम्बिका : वह व्यक्ति आत्म-सीमित है। संसार में अपने सिवा उसे और किसी से मोह नहीं है।

मल्लिका : इसीलिए कि वे मातुल की गौएँ न हाँककर बादलों में खोए रहते हैं?

अम्बिका : मुझे मातुल से और उसकी गौओं से प्रयोजन नहीं है। मैं केवल अपने घर को देखकर कहती हूँ।

मल्लिका : बैठ जाओ, माँ!

अम्बिका को हाथ से पकड़कर झरोखे के पास आसन पर ले जाती है।

मैं तुम्हारी बात समझना चाहती हूँ।

अम्बिका : मैं भी चाहती हूँ तुम आज समझ लो।...तुम कहती हो तुम्हारा उससे भावना का सम्बन्ध है। वह भावना क्या है?

मल्लिका : मैं उसे कोई नाम नहीं देती।

अम्बिका के पैरों के पास बैठ जाती है।

अम्बिका : परन्तु लोग उसे नाम देते हैं।...यदि वास्तव में उसका तुमसे भावना का सम्बन्ध है, तो वह क्यों तुमसे विवाह नहीं करना चाहता?

मल्लिका : तुम उनके प्रति सदा अनुदार रही हो, माँ! तुम जानती हो, उनका जीवन परिस्थितियों की कैसी विडम्बना में बीता है। मातुल के घर में उनकी क्या दशा रही है। उस साधन-हीन और अभाव-ग्रस्त जीवन में विवाह की कल्पना ही कैसे की जा सकती थी?

अम्बिका : और अब जब कि उसका जीवन साधन-हीन और अभाव-ग्रस्त नहीं रहेगा?

मल्लिका कुछ क्षण चुप रहकर अपने पैरों को देखती रहती है।

किसी सम्बन्ध से बचने के लिए अभाव जितना बड़ा कारण होता है, अभाव की पूर्ति उससे बड़ा कारण बन जाती है।

मल्लिका : यह तुम्हारी नहीं, विलोम की भाषा है।

अम्बिका : मैं ऐसे व्यक्ति को अच्छी तरह समझती हूँ। तुम्हारे साथ उसका इतना ही सम्बन्ध है कि तुम एक उपादान हो जिसके आश्रय से वह अपने से प्रेम कर सकता है, अपने पर गर्व कर सकता है। परन्तु तुम क्या सजीव व्यक्ति नहीं हो? तुम्हारे प्रति उसका या तुम्हारा कोई कर्तव्य नहीं है? कल तुम्हारी माँ का शरीर नहीं रहेगा, और घर में एक समय के भोजन की व्यवस्था भी नहीं होगी, तो जो प्रश्न तुम्हारे सामने उपस्थित होगा, उसका तुम क्या उत्तर दोगी। तुम्हारी भावना उस प्रश्न का समाधान कर देगी? फिर कह दो यह मेरी नहीं, विलोम की भाषा है।

मल्लिका सिर झुकाए कुछ क्षण चुप बैठी रहती है। फिर अम्बिका की ओर देखती है।

मल्लिका : माँ, आज तक का जीवन किसी तरह बीता ही है। आगे का भी बीत जाएगा। आज जब उसका जीवन एक नयी दिशा ग्रहण कर रहा है, मैं उनके सामने अपने स्वार्थ की घोषणा नहीं करना चाहती।

बाहर से मातुल के शब्द सुनायी देने लगते हैं।

मातुल : अम्बिका!...अम्बिका!...घर में हो कि नहीं?

अम्बिका और मल्लिका ड्योढ़ी की ओर देखती हैं। मातुल अस्त-व्यस्त-सा आता है।

मातुल : हो, हो, हो घर में ही हो! मैं आज सारे ग्राम में घोषणा करने जा रहा हूँ कि मेरा इस कालिदास नामधारी जीव से कोई सम्बन्ध नहीं है।

मल्लिका : क्या हुआ है, आर्य मातुल?

मातुल : मैंने इसे पाला-पोसा, बड़ा किया। क्या इसी दिन के लिए कि यह इस तरह कुलद्रोही बने?

मल्लिका : परन्तु उन्हें तो सुना है, राज्य की ओर से सम्मानित किया जा रहा है। उज्जयिनी से कोई आचार्य आए हैं।

मातुल : यही तो कह रहा हूँ। उज्जयिनी से कोई आचार्य आए हैं।

मल्लिका : परन्तु आप तो कह रहे हैं।

मातुल : मैं ठीक कह रहा हूँ। आचार्य कल ही इसे अपने साथ उज्जयिनी ले जाना चाहते हैं।

मल्लिका : किन्तु...।

मातुल : दो रथ, रथवाह और चार अश्वारोही उनके साथ हैं। मैं तुमसे नहीं कहता था अम्बिका, कि हमारे प्रपितामह के एक दौहित्र का पुत्र गुप्त राज्य की ओर से शकों से युद्ध कर चुका है?

अम्बिका : तुम अपने भागिनेय की बात कर रहे थे।

मातुल : उसी की बात कर रहा हूँ, अम्बिका! तुम समझो कि एक तरह से राज्य की ओर से हमारे वंश का सम्मान किया जा रहा है। और वे वंशावतंस कहते हैं, 'मुझे यह सम्मान नहीं चाहिए...।'

मल्लिका सहसा उठकर खड़ी हो जाती है।

'मैं राजकीय मुद्राओं से क्रीत होने के लिए नहीं हूँ।

उत्तेजना में एक कोने से दूसरे कोने तक टहलने लगता है। मल्लिका कुछ क्षण विस्मृत-सी खड़ी रहती है।

मल्लिका : वे राजकीय सम्मान को स्वीकार नहीं करना चाहते?

मातुल : मेरी समझ में नहीं आता कि इसमें क्रय-विक्रय की क्या बात है। सम्मान मिलता है, ग्रहण करो। नहीं, कविता का मूल्य ही क्या है?

मल्लिका : कविता का कुछ मूल्य है आर्य मातुल, तभी तो सम्मान का भी मूल्य है।...मैं समझती हूँ कि उनके हृदय में यह सम्मान कहाँ चुभता है।

अम्बिका कुछ सोचती-सी अपने अंशुक को उँगलियों में मसलने लगती है।

अम्बिका : मैं तुम्हें विश्वास दिलाती हूँ, कि वह उज्जयिनी अवश्य जाएगा।

मातुल उसी तरह टहलता रहता है।

मातुल : अवश्य जाएगा! वे लोग इसके अनुचर हैं जो अभिस्तुति करके इसे ले जाएँगे!

अम्बिका : सम्मान प्राप्त होने पर सम्मान के प्रति प्रकट की गयी उदासीनता व्यक्ति के महत्त्व को बढ़ा देती है। तुम्हें

प्रसन्न होना चाहिए कि तुम्हारा भागिनेय लोकनीति में निष्णात है।

मातुल सहसा रुक जाता है।

मातुल : यह लोकनीति है, तो मैं कहूँगा कि लोकनीति और मूर्खनीति दोनों का एक ही अर्थ है।

फिर टहलने लगता है।

जो व्यक्ति कुछ देता है, धन हो या सम्मान हो, वह अपना मन बदल भी सकता है और बदल गया तो बदल गया।

फिर रुक जाता है।

तुम सोचो कि सम्राट् रुष्ट भी तो हो सकते हैं कि एक साधारण कवि ने उनका सम्मान स्वीकार नहीं किया।

निक्षेप बाहर से आता है।

निक्षेप : मातुल, आप अभी तक यहाँ हैं, और आचार्य आपकी प्रतीक्षा कर रहे हैं।

मातुल : और तुम यहाँ क्या कर रहे हो? मैंने तुमसे नहीं कहा था कि जब तक मैं लौटकर न आऊँ, तुम आचार्य के पास रहना?

निक्षेप : परन्तु यह भी तो कहा था कि आचार्य विश्राम कर चुकें तो तुरन्त आपको सूचना दे दूँ।

मातुल : यह भी कहा था। किन्तु वह भी तो कहा था। यह कहा तुम्हारी समझ में आ गया, वह नहीं आया?

निक्षेप : किन्तु मातुल...।

मातुल : किन्तु क्या? मातुल मूर्ख है? बताओ तुम मुझे मूर्ख समझते हो?

निक्षेप : नहीं मातुल...।

मातुल : मैं मूर्ख नहीं, तो निश्चय ही तुम मूर्ख हो।...आचार्य ने क्या कहा है?

निक्षेप : उन्होंने कहा है कि वे आपके साथ इस सारे ग्राम-प्रदेश में घूमना चाहते हैं...

मातुल के मुख पर गर्व की रेखाएँ प्रकट होती हैं।

...जिस प्रदेश ने कालिदास की कविता को जन्म दिया है।

मातुल के मुख की रेखाएँ वितृष्णा की रेखाओं में बदल जाती हैं।

मातुल : कालिदास की कविता!

फिर टहलने लगता है।

न जाने इतने बड़े आचार्य को इसकी कविता में क्या विशेषता दिखायी देती है!

रुककर अम्बिका की ओर देखता है।

इस व्यक्त को सामान्य लोक-व्यवहार तक का तो ज्ञान नहीं, और तुम लोकनीति की बात कहती हो।...आप एक हरिणशावक को गोदी में लिए घर की ओर आ रहे थे। सौभाग्यवश मैंने बाहर ही देख लिया। मैंने प्रार्थना की कि कविकुलगुरु, यह समय इस रूप में घर में जाने का नहीं है। उज्जयिनी से एक बहुत बड़े आचार्य आए हैं। आप सुनते ही लौट पड़े। जैसे रास्ते में साँप देख लिया हो।

मल्लिका अम्बिका के पास आसन पर बैठ जाती है। मातुल फिर टहलने लगता है।

अम्बिका : मल्लिका, मातुल के लिए अन्दर से आसन ला दो।

मल्लिका उठने लगती है, परन्तु मातुल उसे रोक देता है।

मातुल : नहीं, मुझे आसन नहीं चाहिए। आचार्य मेरी प्रतीक्षा कर रहे हैं।

निक्षेप अम्बिका की ओर देखकर मुस्कराता है। मातुल कोने तक जाकर लौटता है।

मैंने कहा, 'कविवर्य, आचार्य आपको साथ उज्जयिनी ले जाने के लिए आये हैं। राज्य की ओर से आपका सम्मान होगा।'

रुक जाता है।

सुनकर रुके। रुककर जलते अंगारे की-सी दृष्टि से मुझे देखा।—"मैं राजकीय मुद्राओं से क्रीत होने के लिए नहीं हूँ।"—ऐसे कहा जैसे राजकीय मुद्राएँ आपके विरह में घुली जा रही हों, और चल दिये।...मेरे लिए धर्म-संकट खड़ा हो गया कि अनुनय करता हुआ आपके पीछे-पीछे जाऊँ, या अभ्यागतों को देखूँ। अब इस निक्षेप से आचार्य के पास बैठने को कहकर आया था, और यह धुरीहीन चक्र की तरह मेरे पीछे-पीछे चला आया है।

निक्षेप : किन्तु मातुल, मैं तो समाचार देने आया था कि...।

मातुल : और मैं समाचार देने के लिए तुमसे धन्यवाद कहता हूँ। बहुत अच्छा किया! अभ्यागत वहाँ बैठे हैं और आप समाचार देने यहाँ चले आये हैं!...अब इतना कीजिए कि वे कविकुल-शिरोमणि जहाँ भी हों, उन्हें ढूँढ़कर ले आइये।

बाहर की ओर चल देता है।

मेरा कर्तव्य कहता है, जैसे भी हो उसे आचार्य के सामने प्रस्तुत करूँ।...और मन कहता है कि उसे जहाँ देखूँ वहीं चोटी से पकड़कर...।

चला जाता है।

निक्षेप : मातुल का तीसरा नेत्र हर समय खुला रहता है।

मल्लिका : परन्तु कालिदास इस समय हैं कहाँ?

निक्षेप : कालिदास इस समय जगदम्बा के मन्दिर में हैं।

मल्लिका : आपने उन्हें देखा है?

निक्षेप : देखा है।

मल्लिका : परन्तु आपने मातुल से नहीं कहा?

निक्षेप : मैं नहीं चाहता था कि मातुल इस समय वहाँ जाएँ?

मल्लिका : क्यों? क्या आप भी नहीं चाहते कि कालिदास...?

निक्षेप : मैं चाहता हूँ कि कालिदास उज्जयिनी अवश्य जाएँ। इसीलिए मैंने मातुल का इस समय उनके पास जाना उचित नहीं समझा।...मातुल को अपने मुँह के शब्द सुनने में ऐसा रस प्राप्त होता है कि वे बोलते ही जाते हैं, परिस्थिति को समझना नहीं चाहते।...कालिदास हठ कर रहे हैं कि जब तक उज्जयिनी से आए अतिथि लौट नहीं जाते, वे जगदम्बा के मन्दिर में ही रहेंगे, घर नहीं जाएँगे।

अम्बिका : कैसी विचक्षणता है!

निक्षेप : विचक्षणता?

अम्बिका : विचक्षणता ही तो है।

निक्षेप : इसमें विचक्षणता क्या है अम्बिका!

अम्बिका तीखी दृष्टि से निक्षेप को देखती है।

अम्बिका : राज्य कवि का सम्मान करना चाहता है। कवि सम्मान के प्रति उदासीन जगदम्बा के मन्दिर में साधनानिरत है। राज्य के प्रतिनिधि मन्दिर में आकर कवि की अभ्यर्थना करते हैं। कवि धीरे-धीरे आँखें खोलता है।..इतना बड़ा नाटक करना विचक्षणता नहीं है?

प्रथम प्रकाशन से अब तक लगभग तीस स्थानों पर अलग-अलग नाट्य-संस्थाओं द्वारा यह नाटक मंचित किया जा चुका है। इनमें से राष्ट्रीय नाट्य विद्यालय, नई दिल्ली (निर्देशक : इब्राहीम अलकाज़ी); अनामिका, कलकत्ता (निर्देशक : श्यामानंद जालान); मेरी वाशिंगटन कालेज, वर्जीनिया (निर्देशक : जॉय माइकेल); थियेटर यूनिट, बम्बई (निर्देशक : सत्यदेव दुबे) तथा एमेच्योर आर्टिस्ट्स एसोसियेशन, जयपुर (निर्देशक : मोहन महर्षि) के प्रदर्शनों के कुछ छायाचित्र नाटक के घटनाक्रम में यहाँ प्रस्तुत किये जा रहे हैं। सौजन्य : राष्ट्रीय नाट्य विद्यालय, अनामिका, जॉय माइकेल, राज बेदी तथा मोहन महर्षि

अम्बिका की भूमिका में
रमा पांडेय

(ए० आ० ए०)

मल्लिका तथा दन्तुल की भूमिकाओं में
रेखा सबनिस तथा अमरीश पुरी
(थि० यू०)

मल्लिका, अम्बिका (रा० ना० वि०)

लका, अम्बिका तथा
ंप। निक्षेप की
ाका में
न्द्र अग्रवाल
(अना०)

अम्बिका तथा मल्लिका की भूमिकाओं में
प्रतिभा अग्रवाल तथा सुनीता रैलिन

(अना०)

कालिदास तथा मल्लिका की भूमिकाओं में टॉम फ़ॉक तथा एलेनार वूलर्ड (मे० वा० का०)

मल्लिका की भूमिका में
रेखा मदनिस
(थि० यू०)

अम्बिका तथा मल्लिका
भूमिकाओं
मीना विलि
तथा सुधा
(रा० ना० वि

मल्लिका तथा कालिदास।
कालिदास की भूमिका में वी० के० शर्मा (थि० यू०)

विलोम, अम्बिका, मल्लिका।
विलोम की भूमिका में रॉजर केनविन ; अम्बिका की भूमिका में लिम्रोना हर्टल (मे० वा० का०)

मातुल, मल्लिका : (थि० यू०)

मल्लिका।   (थि० यू०)

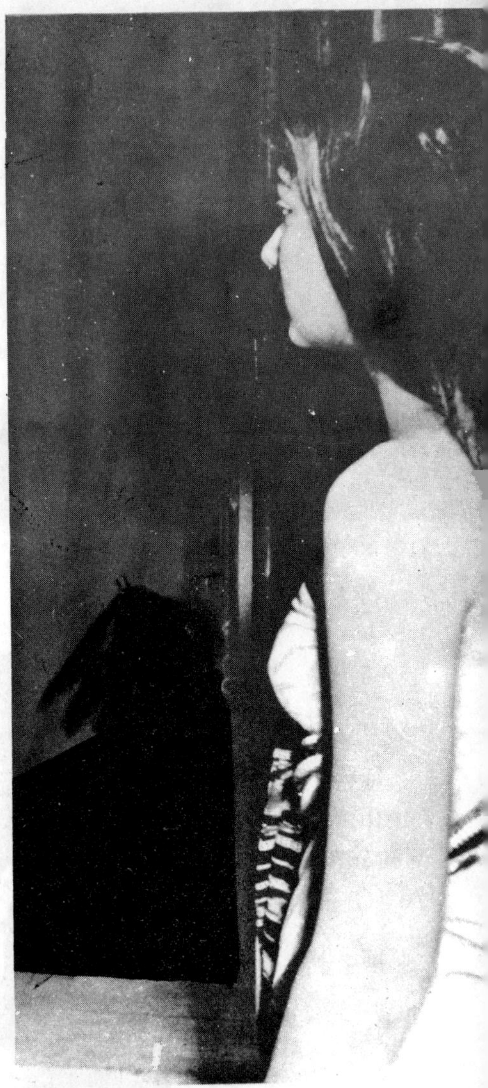

मल्लिका (रा० ना० वि०)

मल्लिका, कालिदास। कालिदास की भूमिका में श्यामानंद जालान। (अना०)

कालिदास, मल्लिका (मे० वा० का०)

मल्लिका, विलोम, कालिदास ।
विलोम की भूमिका में बद्री तिवारी । (अना०)

कालिदास, मल्लिका, विलोम।
कालिदास की भूमिका में ओम् शिवपुरी,
विलोम की भूमिका में अश्विन अग्निहोत्री

(रा० ना० वि०)

मल्लिका, कालिदास (रा० ना० वि०)

मल्लिका की भूमिका में मीनाक्षी शर्मा
(ए० ग्रा० ए०)

मल्लिका, प्रियंगुमंजरी तथा मातुल।
प्रियंगु की भूमिका में अनुपम बहल तथा मातुल की भूमिका में कान्ति मड़िया। (थि० यू०)

मल्लिका, प्रियंगुमंजरी।
प्रियंगुमंजरी की भूमिका में : इला पांडेय (ए० आ० ए०)

रंगिणी, संगिनी की भूमिकाओं में
शबनम साहनी तथा गीता धवन

(थि० यू०)

अनुस्वार, अनुनासिक। भूमिकाओं में प्रेस्टन टॉमसन तथा हेनरी टॉमसन

(मे० वा० का०)

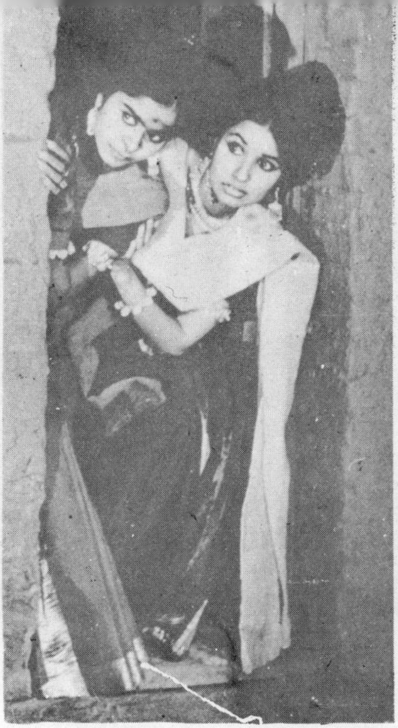

रंगिणी, संगिनी की भूमिकाओं में रंजना चौधरी तथा मौलश्री मुखर्जी

(ए० आ० ए०)

अनुस्वार, अनुनासिक की भूमिकाओं में अरविन्द ठक्कर तथा श्याम असरानी

(थि० यू०)

मल्लिका, निक्षेप।

निक्षेप की भूमिका में सुरेन्द्र कौशिक (रा० ना० वि०)

मल्लिका, निक्षेप।
निक्षप की भूमिका
मे गुरनाम

(थि० यू०)

प्रियंगुमंजरी, मल्लिका।
प्रियंगु की भूमिका में नैन्सी रेज़ौर
(मे० वा० का०)

निक्षेप : कालिदास नाटक नहीं कर रहे, अम्बिका! मुझे विश्वास है कि उन्हें राजकीय सम्मान का मोह नहीं है। वे सचमुच इस पर्वत-भूमि को छोड़कर नहीं जाना चाहते।

अम्बिका अपने स्थान से उठकर उस ओर जाती है जिधर बरतन आदि पड़े हैं।

अम्बिका : नहीं चाहता!...हूँ!

एक थाली लाकर कुम्भ से उसमें चावल निकालने लगती है।

निक्षेप : मातुल का या किसी का भी आग्रह उनका हठ नहीं छुड़ा सकता।

मल्लिका को अर्थपूर्ण दृष्टि से देखता है। मल्लिका की आँखें झुक जाती हैं।

केवल एक व्यक्ति है, जिसके अनुरोध से सम्भव है वे यह हठ छोड़ दें।

अम्बिका निक्षेप की अर्थपूर्ण दृष्टि को और फिर मल्लिका को देखती है।

अम्बिका : हमारे घर में किसी को उसके हठ छोड़ने या न छोड़ने से कोई प्रयोजन नहीं है।

थाली लिए चूल्हे के निकट चली जाती है और उन दोनों की ओर पीठ किये अपने को व्यस्त रखने का प्रयत्न करती है।

निक्षेप : कालिदास अपनी भावुकता में भूल रहे हैं कि इस अवसर का तिरस्कार करके वे बहुत कुछ खो बैठेंगे। योग्यता एक चौथाई व्यक्तित्व का निर्माण करती है। शेष पूर्ति प्रतिष्ठा द्वारा होती है। कालिदास को राजधानी अवश्य जाना चाहिए।

अम्बिका व्यस्त रहने का प्रयत्न करती हुई भी व्यस्त नहीं हो पाती।

अम्बिका : तो उसमें बाधा क्या है?

निक्षेप : मैंने अनुभव किया है कि उनके हठ के मूल में कहीं गहरी कटुता की रेखा है।

मल्लिका : मैं जानती हूँ, वह रेखा कहाँ है।...कुछ समय पहले एक राजपुरुष से उनका सामना हो चुका है।

निक्षेप : उस कटुता को केवल तुम्हीं दूर कर सकती हो, मल्लिका! अवसर किसी की प्रतीक्षा नहीं करता। कालिदास यहाँ से नहीं जाते हैं, तो राज्य को कोई हानि नहीं होगी। राजकवि का आसन रिक्त नहीं रहेगा। परन्तु कालिदास जो आज हैं, जीवन-भर वही रहेंगे—एक स्थानीय कवि! जो लोग आज 'ऋतु-संहार' की प्रशंसा कर रहे हैं, वे भी कुछ दिनों में उन्हें भूल जाएँगे।

मल्लिका अपने में खोई सी उठ खड़ी होती है।

मल्लिका : नहीं, उन्हें इस सम्मान का तिरस्कार नहीं करना चाहिए। यह सम्मान उनके व्यक्तित्व का है। उन्हें अपने व्यक्तित्व को उसके अधिकार से वंचित नहीं करना चाहिए। चलिए, मैं आपके साथ जगदम्बा के मन्दिर में चलती हूँ।

अम्बिका सहसा खड़ी हो जाती है।

अम्बिका : मल्लिका!

मल्लिका स्थिर दृष्टि से अम्बिका को देखती है।

मल्लिका : माँ!

अम्बिका : मुझे एक बाहर के व्यक्ति के सामने कहना होगा कि मैं इस समय तुम्हारे वहाँ जाने के पक्ष में नहीं हूँ?

निक्षेप : निक्षेप बाहर का व्यक्ति नहीं है, अम्बिका!

मल्लिका : यह एक महत्त्वपूर्ण क्षण है, माँ! मुझे इस समय अवश्य जाना चाहिए। आइये, आर्य निक्षेप!

(बिना अम्बिका की ओर देखे बाहर को चल देती है। अम्बिका की आँखों में क्रोध की लहर उठती है, जो पराजय के भाव में बदल जाती है। निक्षेप अम्बिका के भाव को लक्ष्य करता क्षण-भर रुका रहता है।)

निक्षेप : क्षमा चाहता हूँ, अम्बिका!

मल्लिका के पीछे चला जाता है। अम्बिका कुछ क्षण आँखें मूँदे खड़ी रहती है। फिर घर की वस्तुओं को एक-एक करके देखती है, और जैसे टूटी-सी, चौकी पर बैठकर थाली के चावलों को मसलने लगती है। आँखों से आँसू उमड़ आते हैं, जिन्हें वह आँचल से पोंछ लेती है। प्रकाश कम हो जाता है। अम्बिका के कंठ से रुँधा-सा स्वर निकलता है–

अम्बिका : भावना!...ओह!

आँचल में मुँह छिपा लेती है। प्रकाश कुछ और क्षीण हो जाता है। तभी ड्योढ़ी के अँधेरे में अग्निकाष्ठ की लौ चमक उठती है। विलोम अग्निकाष्ठ हाथ में लिये बाहर से आता है। अम्बिका को इस तरह बैठे देखकर क्षण-भर रुका रहता है। फिर पास चला आता है।

विलोम : घिरे हुए मेघों ने आज अन्धकार कर दिया है अम्बिका, या तुम्हें समय का ज्ञान नहीं रहा?

अम्बिका आँचल से मुँह उठाती है। अग्निकाष्ठ के प्रकाश में उसके मुख की रेखाएँ गहरी और आँखें धँसी-सी दिखायी देती हैं।

आश्चर्य है, तुमने दीपक नहीं जलाया!

अम्बिका : विलोम!...तुम यहाँ क्यों आए हो?

विलोम बायीं ओर के दीपक के निकट चला जाता है।

विलोम : दीपक जला दूँ?

अग्निकाष्ठ से छूकर दीपक जला देता है।

विलोम का आना ऐसे आश्चर्य का विषय नहीं है।

जाकर सामने के दीपक जलाने लगता है। अम्बिका उठ खड़ी होती है।

अम्बिका : चले जाओ विलोम! तुम जानते हो कि तुम्हारा यहाँ आना...

विलोम : मल्लिका को सह्य नहीं है।

दीपक जलाकर अम्बिका की ओर देखता है।

जानता हूँ, अम्बिका! मल्लिका बहुत भोली है। वह लोक जीवन के सम्बन्ध में कुछ नहीं जानती।

दीवार में बने आधार में अग्निकाष्ठ तिरछा लगा देता है।

वह नहीं चाहती कि मैं इस घर में आऊँ, क्योंकि कालिदास नहीं चाहता।

घूमकर अम्बिका के पास आता है।

और कालिदास क्यों नहीं चाहता? क्योंकि मेरी आँखों

में उसे अपने हृदय का सत्य झाँकता दिखायी देता है। उसे उलझन होती है।...किन्तु तुम तो जानती हो अम्बिका, मेरा एकमात्र दोष यह है कि मैं जो अनुभव करता हूँ, स्पष्ट कह देता हूँ।

अम्बिका : मैं इस समय तुम्हारे दोष-अदोष का विवेचन नहीं करना चाहती।

विलोम : देख रहा हूँ इस समय तुम बहुत दुःखी हो।...और तुम दुःखी कब नहीं रहीं, अम्बिका? तुम्हारा तो जीवन ही पीड़ा का इतिहास है। पहले से कहीं दुबली हो गयी हो?...सुना है कालिदास उज्जयिनी जा रहा है।

अम्बिका : मैं नहीं जानती।

विलोम जैसे उसकी बात न सुनकर झरोखे के पास चला जाता है।

विलोम : राज्य की ओर से उसका सम्मान होगा! कालिदास राजकवि के रूप में उज्जयिनी में रहेगा। मैं समझता हूँ उसके जाने से पहले ही उसका और मल्लिका का विवाह हो जाना चाहिए। इस सम्बन्ध में तुमने सोचा तो होगा?

अम्बिका : मैं इस समय कुछ भी सोचना नहीं चाहती।

विलोम : तुम, मल्लिका की माँ, इस विषय में सोचना नहीं चाहतीं? आश्चर्य है!

अम्बिका : मैंने तुमसे कहा है विलोम, तुम चले जाओ।

विलोम : कालिदास उज्जयिनी चला जाएगा! और मल्लिका, जिसका नाम उसके कारण सारे प्रान्तर में अपवाद का विषय बना है, पीछे यहाँ पड़ी रहेगी? क्यों, अम्बिका?

अम्बिका कुछ न कहकर आसन पर बैठ जाती है। विलोम घूमकर उसके सामने आ जाता है।

क्यों? तुमने इतने वर्ष सारी पीड़ा क्या इसी दिन के लिए सही है? दूर से देखने वाला भी जान सकता है, इन वर्षों में तुम्हारे साथ क्या-क्या बीता है! समय ने तुम्हारे मन, शरीर और आत्मा की इकाई को तोड़कर रख दिया है। तुमने तिल-तिल करके अपने को गलाया है कि मल्लिका को किसी अभाव का अनुभव न हो। और आज, जब कि उसके लिए जीवन-भर के अभाव का प्रश्न सामने है, तुम कुछ सोचना नहीं चाहतीं?

अम्बिका : तुम यह सब कहकर मेरा दुःख कम नहीं कर रहे, विलोम! मैं अनुरोध करती हूँ कि तुम इस समय मुझे अकेली रहने दो।

विलोम : मैं इस समय अपना तुम्हारे पास होना बहुत आवश्यक समझता हूँ, अम्बिका! मैं ये सब बातें तुमसे नहीं, उससे कहने के लिए आया हूँ। आशा कर रहा हूँ कि वह मल्लिका के साथ अभी यहाँ आएगा। मैंने मल्लिका को जगदम्बा के मन्दिर की ओर जाते देखा है। मैं यहीं उसकी प्रतीक्षा करना चाहता हूँ।

ड्योढ़ी से कालिदास और उसके पीछे मल्लिका आती है।

कालिदास : अधिक प्रतीक्षा नहीं करनी पड़ेगी, विलोम!

विलोम को देखकर मल्लिका की आँखों में क्रोध और वितृष्णा का भाव उमड़ आता है,

और वह झरोखे की ओर चली जाती है।

कालिदास विलोम के पास आ जाता है।

मैं जानता हूँ कि तुम कहाँ, किस समय, और क्यों मेरे साक्षात्कार के लिए उत्सुक होते हो।...कहो, आजकल किस नये छन्द का अभ्यास कर रहे हो?

विलोम : छन्दों का अभ्यास मेरी वृत्ति नहीं है।

कालिदास : मैं जानता हूँ तुम्हारी वृत्ति दूसरी है।

क्षण-भर उसकी आँखों में देखता रहता है।

उस वृत्ति ने सम्भवतः छन्दों का अभ्यास सर्वथा छुड़ा दिया है।

विलोम : आज निःसन्देह तुम छन्दों के अभ्यास पर गर्व कर सकते हो।

अग्निकाष्ठ के पास जाकर उसे सहलाने लगता है। प्रकाश उसके मुख पर पड़ता है।

सुना है, राजधानी से निमन्त्रण आया है।

कालिदास : सुना मैंने भी है। तुम्हें दुःख हुआ?

विलोम : दुःख? हाँ-हाँ, बहुत। एक मित्र के बिछुड़ने का किसे दुःख नहीं होता?

...कल ब्राह्म मुहूर्त्त में ही चले जाओगे?

कालिदास : मैं नहीं जानता।

विलोम : मैं जानता हूँ। आचार्य कल ब्राह्म मुहूर्त्त में ही लौट जाना चाहते हैं। राजधानी के वैभव में जाकर ग्राम-प्रान्तर को भूल तो नहीं जाओगे?

एक दृष्टि मल्लिका पर डालकर फिर कालिदास की ओर देखता है।

सुना है, वहाँ जाकर व्यक्ति बहुत व्यस्त हो जाता है।

वहाँ के जीवन में कई तरह के आकर्षण हैं—रंगशालाएँ, मदिरालय और तरह-तरह की विलास-भूमियाँ!

मल्लिका के भाव में बहुत कठोरता आ जाती है।

मल्लिका : आर्य विलोम, यह समय और स्थान इन बातों के लिए नहीं है। मैं इस समय आपको यहाँ देखने की आशा नहीं कर रही थी।

विलोम : मैं जानता हूँ तुम इस समय मुझे यहाँ देखकर प्रसन्न नहीं हो। परन्तु मैं अम्बिका से मिलने आया था। बहुत दिनों से भेंट नहीं हुई थी। यह कोई ऐसी अप्रत्याशित बात नहीं है।

कालिदास : विलोम का कुछ भी करना अप्रत्याशित नहीं है। हाँ, कई कुछ न करना अप्रत्याशित हो सकता है।

विलोम : यह वास्तव में प्रसन्नता का विषय है कालिदास, कि हम दोनों एक-दूसरे को इतनी अच्छी तरह समझते हैं। निःसन्देह मेरे स्वभाव में ऐसा कुछ नहीं है, जो तुमसे छिपा हो।

क्षण-भर कालिदास की आँखों में देखता रहताहै।

विलोम क्या है? एक असफल कालिदास। और कालिदास? एक सफल विलोम। हम कहीं एक-दूसरे के बहुत निकट पड़ते हैं।

अग्निकाष्ठ के पास से हटकर कालिदास के निकट आ जाता है।

कालिदास : निःसन्देह। सभी विपरीत एक-दूसरे के बहुत निकट पड़ते हैं।

विलोम : अच्छा है, तुम इस सत्य को स्वीकार करते हो। मैं उस

निकटता के अधिकार से तुमसे एक प्रश्न पूछ सकता हूँ?...सम्भव है फिर कभी तुमसे बात करने का अवसर ही प्राप्त न हो। एक दिन का व्यवधान तुम्हें हमसे बहुत दूर कर देगा न!

कालिदास : वर्षों का व्यवधान भी विपरीत को विपरीत से दूर नहीं करता।...मैं तुम्हारा प्रश्न सुनने के लिए उत्सुक हूँ।

विलोम बहुत पास आकर उसके कन्धे पर हाथ रख देता है।

विलोम : मैं जानना चाहता हूँ कि तुम अभी तक वही कालिदास हो न?

अर्थपूर्ण दृष्टि से अम्बिका की ओर देख लेता है।

कालिदास : मैं तुम्हारा अभिप्राय नहीं समझ सका।

उसका हाथ अपने कन्धे से हटा देता है।

विलोम : मेरा अभिप्राय है कि तुम अभी तक वही व्यक्ति हो न जो कल तक थे?

मल्लिका झरोखे के पास से उधर को बढ़ आती है।

मल्लिका : आर्य विलोम, मैं इस प्रकार की अनर्गलता क्षम्य नहीं समझती।

विलोम : अनर्गलता?

अम्बिका के निकट आ जाता है। कालिदास दो-एक पग दूसरी ओर चला जाता है।

इसमें अनर्गलता क्या है? मैं बहुत सार्थक प्रश्न पूछ रहा हूँ। क्यों कालिदास? मेरा प्रश्न सार्थक नहीं है? ...क्यों अम्बिका?

अम्बिका अव्यवस्थित भाव से उठ खड़ी होती है।

अम्बिका : मैं इस सम्बन्ध में कुछ नहीं जानती, और न ही जानना चाहती हूँ।

अन्दर की ओर चल देती है।

विलोम : ठहरो, अम्बिका!

अम्बिका रुककर उसकी ओर देखती है।

आज तक ग्राम-प्रान्तर में कालिदास के साथ मल्लिका के सम्बन्ध को लेकर बहुत कुछ कहा जाता रहा है।

मल्लिका एक पग और आगे आ जाती है।

मल्लिका : आर्य विलोम, आप...!

विलोम : उसे दृष्टि में रखते हुए क्या यह उचित नहीं कि कालिदास यह स्पष्ट बता दे कि उसे उज्जयिनी अकेले ही जाना है या...

मल्लिका : कालिदास आपके किसी भी प्रश्न का उत्तर देने के लिए बाध्य नहीं हैं।

विलोम : मैं कब कहता हूँ कि बाध्य है? परन्तु सम्भव है कालिदास का अन्तःकरण उसे उत्तर देने के लिए बाध्य करे। क्यों कालिदास?

कालिदास मुड़ पड़ता है। दोनों एक-दूसरे के सामने आ जाते हैं।

कालिदास : मैं तुम्हारी प्रशंसा करने के लिए अवश्य बाध्य हूँ। तुम दूसरों के घर में ही नहीं, उनके जीवन में ही अनधिकार प्रवेश कर जाते हो।

विलोम : अनधिकार प्रवेश...? मैं? क्यों अम्बिका, तुम्हें कालिदास की यह बात कहाँ तक संगत प्रतीत होती है कि मैं,

विलोम, दूसरों के जीवन में अनधिकार प्रवेश कर जाता हूँ?

अम्बिका : मैं कह चुकी हूँ, मुझे इस सम्बन्ध में कुछ भी नहीं कहना है।

अन्दर चली जाती है।

विलोम : बस, चल ही दीं...? अच्छा कालिदास, तुम्हीं बताओ, तुम्हें अपनी यह बात कहाँ तक संगत प्रतीत होती है? मैंने किसके जीवन में अनधिकार प्रवेश किया है? चलो, ग्राम-प्रान्तर में चलकर किसी से भी पूछ लें...।

विदग्ध दृष्टि से उसे देखता है। फिर अग्निकाष्ठ के पास जाकर उसे आधार से हाथ में ले लेता है।

तो तुम अपने अन्तःकरण से भी मेरे प्रश्न का उत्तर देने के लिए बाध्य नहीं हो! सम्भवतः प्रश्न ही ऐसा है...!

कालिदास : तुम कुछ भी अनुमान लगाने के लिए स्वतन्त्र हो। मैं इतना ही जानता हूँ कि मुझे ग्राम-प्रान्तर छोड़कर उज्जयिनी जाने का तनिक मोह नहीं है।

विलोम उल्मुक कालिदास के मुख के निकट ले आता है।

विलोम : निःसन्देह! तुम्हें ऐसा मोह क्यों होगा? साधारण व्यक्ति को हो सकता है, तुम्हें क्यों होगा? परन्तु मैं केवल इतना जानना चाहता था कि यदि ऐसा हो—क्षण-भर के लिए स्वीकार कर लिया जाए कि तुम जाने का निश्चय कर लो—तो उस स्थिति में क्या यह उचित नहीं कि...

मल्लिका उसके और कालिदास के बीच में

आ जाती है। अग्निकाष्ठ का प्रकाश उसके मुँह पर पड़ने लगता है।

मल्लिका : आर्य विलोम, आप अपनी सीमा से आगे जाकर बात कर रहे हैं। मैं बच्ची नहीं हूँ, अपना भला-बुरा सब समझती हूँ।...आप सम्भवतः यह अनुभव नहीं कर रहे कि आप यहाँ इस समय एक अनचाहे अतिथि के रूप में उपस्थित हैं।

विलोम : यह अनुभव करने की मैंने आवश्यकता नहीं समझी। तुम मुझसे घृणा करती हो, मैं जानता हूँ। परन्तु मैं तुमसे घृणा नहीं करता। मेरे यहाँ होने के लिए इतना ही पर्याप्त है।

अग्निकाष्ठ का प्रकाश फिर कालिदास के चेहरे पर डालता है।

और एक बात कालिदास से भी करना चाहता था।

अर्थपूर्ण दृष्टि से कालिदास को देखकर फिर मल्लिका की ओर देखता है।

तुम कालिदास के बहुत निकट हो, परन्तु मैं कालिदास को तुमसे अधिक जानता हूँ।

पुनः एक-एक करके दोनों की ओर देखता है और ड्योढ़ी की ओर चल देता है। ड्योढ़ी के पास से मुड़कर फिर कालिदास की ओर देखता है।

तुम्हारी यात्रा शुभ हो, कालिदास! तुम जानते हो, विलोम तुम्हारा ही शुभचिन्तक है।

कालिदास : यह मुझसे अधिक कौन जान सकता है?

विलोम के कण्ठ से तिरस्कारपूर्ण स्वर निकलता है और वह मल्लिका की ओर देखता है।

विलोम : अनचाहा अतिथि सम्भवतः फिर भी कभी आ पहुँचे। तब के लिए भी क्षमा चाहते हुए...।

व्यंग्य के साथ मुस्कराकर चला जाता है। कालिदास क्षण-भर मल्लिका की ओर देखता रहता है। फिर झरोखे के पास चला जाता है।

मल्लिका : फिर उदास हो गए?

कालिदास झरोखे से बाहर देखता रहता है।

देखो, तुम मुझे वचन दे चुके हो।

कालिदास लौटकर उसके पास आ जाता है।

कालिदास : फिर एक बार सोचो, मल्लिका! प्रश्न सम्मान और राज्याश्रय स्वीकार करने का ही नहीं है। उससे कहीं बड़ा एक प्रश्न मेरे सामने है।

मल्लिका : और वह प्रश्न मैं हूँ...हूँ न?

उसे बाँहों से पकड़कर आसन पर बिठा देती है।

यहाँ बैठो। तुम मुझे जानते हो। हो न?

कालिदास उसकी ओर देखता रहता है।

तुम समझते हो कि तुम इस अवसर को ठुकराकर यहाँ रह जाओगे, तो मुझे सुख होगा?

उमड़ते आँसुओं को दबाने के लिए आँखें झपकती और ऊपर की ओर देखने लगती है।

मैं जानती हूँ कि तुम्हारे चले जाने से मेरे अन्तर को एक रिक्तता छा लेगी। बाहर भी सम्भवतः बहुत सूना प्रतीत होगा। फिर भी मैं अपने साथ छल नहीं कर रही।

मुस्कराने का प्रयत्न करती है।

मैं हृदय से कहती हूँ तुम्हें जाना चाहिए।

कालिदास : चाहता हूँ तुम इस समय अपनी आँखें देख सकतीं।

मल्लिका : मेरी आँखें इसलिए गीली हैं कि तुम मेरी बात नहीं समझ रहे।

उसके पैरों के पास बैठकर उसके घुटनों पर कुहनियाँ रख देती है।

तुम यहाँ से जाकर भी मुझसे दूर हो सकते हो...? यहाँ ग्राम-प्रान्तर में रहकर तुम्हारी प्रतिभा को विकसित होने का अवसर कहाँ मिलेगा? यहाँ लोग तुम्हें समझ नहीं पाते। वे सामान्य की कसौटी पर तुम्हारी परीक्षा करना चाहते हैं।

कुहनियों पर ठोड़ी भी रख लेती है।

विश्वास करते हो न कि मैं तुम्हें जानती हूँ? जानती हूँ कि कोई भी रेखा तुम्हें घेर ले, तो तुम घिर जाओगे। मैं तुम्हें घेरना नहीं चाहती। इसलिए कहती हूँ, जाओ।

कालिदास : तुम पूरी तरह नहीं समझ रही, मल्लिका। प्रश्न तुम्हारे घेरने का नहीं है।

मल्लिका शब्दों की चुभन अनुभव करके भी अपनी मुद्रा स्वाभाविक बनाए रखने का प्रयत्न करती है। कालिदास जैसे सोचता-सा उठ खड़ा होता है और टहलने लगता है।

मैं अनुभव करता हूँ कि यह ग्राम-प्रान्तर मेरी वास्तविक भूमि है। मैं कई सूत्रों से इस भूमि से जुड़ा हूँ। उन सूत्रों में तुम हो, यह आकाश और ये मेघ हैं, यहाँ की हरियाली है, हरिणों के बच्चे हैं, पशुपाल हैं।

रुककर मल्लिका की ओर देखता है।

यहाँ से जाकर मैं अपनी भूमि से उखड़ जाऊँगा।

मल्लिका आसन पर कुहनी रखे उससे टेक लगा लेती है।

मल्लिका : यह क्यों नहीं सोचते कि नयी भूमि तुम्हें यहाँ से अधिक सम्पन्न और उर्वरा मिलेगी। इस भूमि से तुम जो कुछ ग्रहण कर सकते थे, कर चुके हो। तुम्हें आज नयी भूमि की आवश्यकता है, जो तुम्हारे व्यक्तित्व को अधिक पूर्ण बना दे।

कालिदास : नयी भूमि सुखा भी तो सकती है!

फिर टहलने लगता है।

मल्लिका : कोई भूमि ऐसी नहीं जिसके अन्तर में कोमलता न हो। तुम्हारी प्रतिभा उस कोमलता का स्पर्श अवश्य पा लेगी।

कालिदास : और उस जीवन की अपनी अपेक्षाएँ भी होंगी...

मल्लिका उठकर उसके पास आ जाती है और उसके हाथ अपने हाथों में ले लेती है।

मल्लिका : यह क्यों आवश्यक है कि तुम उन अपेक्षाओं का पालन करो? तुम दूसरों के लिए नयी अपेक्षाओं की सृष्टि कर सकते हो।

कालिदास : फिर भी कई-कई आशंकाएँ उठती हैं। मुझे हृदय में उत्साह का अनुभव नहीं होता।

मल्लिका : मेरी ओर देखो।

कालिदास कुछ क्षण उसकी आँखों में देखता रहता है।

अब भी उत्साह का अनुभव नहीं होता...? विश्वास करो तुम यहाँ से जाकर भी यहाँ से अलग नहीं होओगे। यहाँ की वायु, यहाँ के मेघ और यहाँ के हरिण, इन सबको तुम साथ ले जाओगे...। और मैं भी तुमसे दूर

नहीं होऊँगी। जब भी तुम्हारे निकट होना चाहूँगी, पर्वत-शिखर पर चली जाऊँगी और उड़कर आते मेघों में घिर जाया करूँगी।

बिजली कौंधती है और मेघ-गर्जन सुनाई देता है। कालिदास उसके हाथ पकड़े रहता है। मल्लिका पलकें झपककर अपने आँसू सुखाती है।

लगता है फिर वर्षा होगी। यूँ भी बहुत अँधेरा हो गया है। आचार्य तुम्हारी प्रतीक्षा कर रहे होंगे।

कालिदास : मुझे जाने के लिए कह रही हो?

मल्लिका : हाँ! देखना मैं तुम्हारे पीछे प्रसन्न रहूँगी, बहुत घूमूँगी और हर सन्ध्या को जगदम्बा के मन्दिर में सूर्यास्त देखने जाया करूँगी...।

कालिदास : इसका अर्थ है तुमसे विदा लूँ।

मल्लिका : नहीं! विदा तुम्हें नहीं दूँगी। जा रहे हो, इसलिए केवल प्रार्थना करूँगी कि तुम्हारा पथ प्रशस्त हो।

उसके हाथ छोड़ देती है।

जाओ।

कालिदास पल-भर आँखें मूँदें रहता है। फिर झटके से चला जाता है। मल्लिका हाथों में मुँह छिपाए आसन पर जा बैठती है। तीव्र मेघ-गर्जन सुनाई देता है और साथ वर्षा का शब्द सुनाई देने लगता है। मल्लिका अपने को रोकने का प्रयत्न करती हुई भी सिसक उठती है। अम्बिका अन्दर से आकर उसके सिर पर हाथ रखती है और उसका मुँह ऊपर उठाती है।

अम्बिका : मल्लिका!

मल्लिका आसन से उठ खड़ी होती है और झरोखे के पास जाकर उससे सिर टिका लेती है।

अम्बिका : तुम स्वस्थ नहीं हो मल्लिका, चलो अन्दर चलकर विश्राम कर लो।

मल्लिका अपनी सिसकियाँ दबाने का प्रयत्न करती हुई उसी तरह खड़ी रहती है।

मल्लिका : मुझे यहीं रहने दो माँ! मैं अस्वस्थ नहीं हूँ। देखो माँ, चारों ओर कितने गहरे मेघ घिरे हैं! कल ये मेघ उज्जयिनी की ओर उड़ जाएँगे...!

पुनः हाथों में मुँह छिपाकर सिसक उठती है। अम्बिका पास जाकर उसे अपने से सटा लेती है।

अम्बिका : रोओ नहीं, मल्लिका!

मल्लिका : मैं रो नहीं रही हूँ, माँ! मेरी आँखों से जो बरस रहा है, यह दुःख नहीं है। यह सुख है माँ, सुख...!

अम्बिका के वक्ष में मुँह छिपा लेती है। पुनः मेघ-गर्जन सुनाई देता है और वर्षा का शब्द ऊँचा हो जाता है।

अंक दो

कुछ वर्षों के अनन्तर

वही प्रकोष्ठ।

प्रकोष्ठ की स्थिति में पहले से कहीं अन्तर आ गया है। लिपाई कई स्थानों से उखड़ रही है। गेरू से बने स्वस्तिक, शंख और कमल अब बुझे-बुझे-से हैं। चूल्हे के पास पहले से बहुत कम बरतन हैं। कुम्भ केवल दो हैं और उन पर ऊपर तक काई जमी है। आसन पर कुछ भोजपत्र बिखरे हैं, कुछ एक रेशमी वस्त्र में बँधे हैं। आसन के निकट एक टूटा मोढ़ा है, जिस पर भोजपत्र सीकर बनाया एक ग्रन्थ रखा है।

चूल्हे के निकट कोने में रस्सी बँधी है जिस पर कुछ वस्त्र सूखने के लिए फैलाए गए हैं। अधिकांश वस्त्र फटे हैं और उन पर जगह-जगह टाकियाँ लगी हैं।

एक टूटा मोढ़ा ड्योढ़ी के द्वार के पास रखा है। चौकी

एक ही है जिस पर बैठी मल्लिका खरल में औषध पीस रही है। अन्दर बिछे तल्प का कोना उसी तरह दिखाई देता है। अम्बिका तल्प पर लेटी है। बीच-बीच में वह करवट बदल लेती है। निक्षेप बाहर से आता है। मल्लिका अपना अंशुक ठीक करती है।

निक्षेप : अब कैसा है अम्बिका का स्वास्थ्य?

मल्लिका : वैसे ही ज्वर आता है अभी।

निक्षेप : पहले से कुछ भी अन्तर नहीं पड़ा?

मल्लिका : लगता तो नहीं।

निक्षेप : दो वर्ष से निरन्तर एक-सा ज्वर!

मल्लिका ठंडी साँस भरकर पीसी हुई औषध पत्थर से कटोरे में डालने लगती है। निक्षेप मोढ़ा खींचकर उसके पास आ बैठता है।

वास्तव में अम्बिका बहुत चिन्ता करती हैं।

मल्लिका : औषध भी ठीक से नहीं खातीं।

औषध में दूध और शहद मिलाकर हिलाने लगती है। निक्षेप अपनी उँगलियाँ उलझाए उसे देखता रहता है।

निक्षेप : तुम्हारा स्वास्थ्य कैसा है?

मल्लिका : ठीक है।

निक्षेप : दुबली होती जा रही हो।...बहुत दिनों से राजधानी की ओर से कोई व्यक्ति नहीं आया।

मल्लिका आँखें बचाती हुई अधिक व्यक्त भाव से औषध हिलाती रहती है।

कभी-कभी सोचता हूँ, एक बार उज्जयिनी जाकर उनसे मिल आऊँ।

मल्लिका : क्यों?

निक्षेप : कई बातें करना चाहता हूँ। कई बार लगता है कि दोष मेरा ही है।

मल्लिका गम्भीर भाव से उसकी ओर देखती है।

मल्लिका : किस बात का?

निक्षेप लम्बी साँस लेता है।

निक्षेप : बात तुम जानती हो।...मैंने आशा नहीं की थी कि उज्जयिनी जाकर कालिदास इस तरह वहाँ के हो जाएँगे।

मल्लिका : और मुझे प्रसन्नता है कि वे वहाँ रहकर इतने व्यस्त हैं। यहाँ उन्होंने केवल 'ऋतु-संहार' की रचना की थी। वहाँ उन्होंने कई नये काव्यों की रचना की है। दो वर्ष पहले जो व्यवसायी आए थे, उन्होंने 'कुमारसम्भव' और 'मेघदूत' की प्रतियाँ मुझे ला दी थीं। बता रहे थे, उनके एक और बड़े काव्य की बहुत चर्चा है, परन्तु उसकी प्रति उन्हें नहीं मिल पायी।

निक्षेप : यूँ तो सुना है, उन्होंने कुछ नाटकों की भी रचना की है जो उज्जयिनी की रंगशालाओं में खेले गए हैं। फिर भी...।

मल्लिका : फिर भी क्या?

निक्षेप : मुझे कहते दुःख होता है। उन्हीं व्यवसायियों के मुँह से और भी तो कई बातें सुनी थीं...।

मल्लिका : व्यक्ति उन्नति करता है, तो उसके नाम के साथ कई तरह के अपवाद जुड़ने लगते हैं।

निक्षेप : मैं अपवाद की बात नहीं कर रहा।

उठकर टहलने लगता है।

सुना यह भी तो था न कि गुप्त वंश की राज-दुहिता से उनका विवाह हो गया।

मल्लिका : तो इसमें बुरा क्या है?

निक्षेप : एक तरह से देखें, तो बुरा नहीं भी है। परन्तु यहाँ रहते उनका जो आग्रह था कि जीवन-भर विवाह नहीं करेंगे?

रुककर उसकी ओर देखता है।

उस आग्रह का क्या हुआ? उन्होंने यह नहीं सोचा कि उनके इसी आग्रह की रक्षा के लिए तुमने...?

मल्लिका : उनके प्रसंग में मेरी बात कहीं नहीं आती। मैं अनेकानेक साधारण व्यक्तियों में से हूँ। वे असाधारण हैं। उन्हें जीवन में असाधारण का ही साथ चाहिए था।...सुना है राज-दुहिता बहुत विदुषी हैं।

निक्षेप : हाँ, सुना है। बहुत शास्त्र-दर्शन पढ़ी हैं। मैंने कहा है न कि एक तरह से देखें, तो इसमें कुछ बुरा नहीं है। परन्तु दूसरी तरह से देखने पर बहुत ग्लानि होती है।

मल्लिका : इसके विपरीत मुझे अपने से ग्लानि होती है, कि यह, ऐसी मैं, उनकी प्रगति में बाधा भी बन सकती थी। आपके कहने से मैं उन्हें जाने के लिए प्रेरित न करती, तो कितनी बड़ी क्षति होती?

निक्षेप : यह तो दुःख है कि मेरे कहने से तुम ऐसा न करतीं, तो आज तुम्हारे जीवन का रूप यह न होता।

मल्लिका : मेरे जीवन पें पहले से क्या अन्तर आया है? पहले माँ काम करती थीं। अब वे अस्वस्थ हैं, मैं काम करती हूँ।

निक्षेप : बाहर से तो इतना ही अन्तर लगता है।

मल्लिका : केवल इतना ही अन्तर है।

औषध लिए उठ खड़ी होती है।

माँ को औषध दे दूँ, अभी आती हूँ।

अन्दर चली जाती है और अम्बिका को सहारे से उठाकर औषध पिलाती है। अम्बिका पीकर

सिर हिलाती है। निक्षेप टहलता हुआ झरोखे के पास चला जाता है। बाहर घोड़े की टापों का शब्द सुनायी देता है जो पास आकर दूर चला जाता है। निक्षेप झरोखे से सटा देखता रहता है। अम्बिका औषध पीकर लेट जाती है। मल्लिका बाहर आ जाती है, और किवाड़ के पास रुककर अम्बिका की ओर देखती है।

मल्लिका : माँ, ठंड लगती हो तो किवाड़ बन्द कर दूँ?

अम्बिका सिर हिलाती है। मल्लिका किवाड़ बन्द कर देती है। निक्षेप झरोखे के पास से हट आता है।

निक्षेप : लगता है आज फिर कुछ लोग बाहर से आए हैं।

मल्लिका : कौन लोग?

निक्षेप : सम्भवतः राज्य के कर्मचारी हैं। दो वैसी ही आकृतियाँ मैंने देखी हैं, जैसी तब देखी थीं, जब आचार्य कालिदास को लेने आए थे।

मल्लिका थोड़ा सिहर जाती है।

मल्लिका : वैसी आकृतियाँ?

अपने भाव को दबाकर हँसने का प्रयत्न करती है।

जानते हैं, माँ इस सम्बन्ध में क्या कहती हैं? कहती हैं कि जब भी ये आकृतियाँ दिखाई देती हैं, कोई न कोई अनिष्ट होता है। कभी युद्ध, कभी महामारी!.. .परन्तु पिछली बार तो ऐसा कुछ नहीं हुआ।

निक्षेप : नहीं हुआ?

मल्लिका आँखें बचाती हुई गीले वस्त्रों को देखने में व्यस्त हो जाती है।

मल्लिका : क्या हुआ?...और जो हुआ, वह तो अच्छा ही था।

दो-एक वस्त्रों को उतारकर फिर रस्सी पर फैला देती है।

हवा में आजकल इतनी नमी रहती है, कि वस्त्र घण्टों नहीं सूखते।

फिर टापों का शब्द सुनाई देता है। निक्षेप फिर झरोखे के पास चला जाता है। सहसा उसके मुँह से आश्चर्य की ध्वनि निकल पड़तीहै।

निक्षेप : हैं-हैं?...नहीं?...परन्तु नहीं कैसे?

टापों का शब्द दूर चला जाता है। निक्षेप उत्तेजित-सा झरोखे के पास से हटकर आता है।

मल्लिका : सहसा उत्तेजित क्यों हो उठे, आर्य निक्षेप?

निक्षेप : मैंने अभी एक और आकृति को घोड़े पर जाते देखा है।

मल्लिका : तो क्या हुआ? आपको भी माँ की तरह अनिष्ट की आशंका हो रही है?

निक्षेप : वह एक बहुत परिचित आकृति है, मल्लिका!

मल्लिका : परिचित आकृति?

निक्षेप : मुझे विश्वास है, वे स्वयं कालिदास हैं।

मल्लिका हाथ के वस्त्र को पकड़े स्तम्भित-सी हो रहती है।

मल्लिका : कालिदास?...यह कैसे सम्भव है?

निक्षेप : मैंने अपनी आँखों से देखा है। वे घोड़ा दौड़ाते पर्वत-शिखर की ओर गए हैं। इस राजसी वेश-भूषा में और कोई उन्हें न पहचान पाये, निक्षेप की आँखें पहचानने में भूल नहीं कर सकतीं।...मैं अभी जाकर देखता हूँ। राज्य-कर्मचारी भी अवश्य उन्हीं के साथ आए होंगे।

उसी उत्तेजना में चला जाता है।

मल्लिका : वे आए हैं और पर्वत-शिखर की ओर गये हैं?

अपनी उँगली को दाँत से काटती है और पीड़ा का अनुभव होने पर यन्त्र-चालित-सी झरोखे के पास चली आती है। ड्योढ़ी से रंगिणी और संगिनी अन्दर आती हैं। मल्लिका आश्चर्य से उनकी ओर देखती है रंगिणी संगिनी को आगे करती है।

रंगिणी : इससे पूछ, हम अन्दर आ सकती हैं?

संगिनी उसे आगे करके स्वयं पीछे हट जाती है।

संगिनी : तू पूछ।

मल्लिका उनके पास आ जाती है।

रंगिणी : अच्छा, मैं पूछती हूँ।...सुनो, यह तुम्हारा घर है?

मल्लिका : हाँ-हाँ। आइये...आप मेरे यहाँ आयी हैं?

रंगिणी और संगिनी अन्दर आ जाती हैं और खोजती दृष्टि से इधर-उधर देखती हैं।

रंगिणी : हम विशेष रूप से किसी के यहाँ नहीं आयीं। समझ लो कि यूँ ही आयी हैं–ग्राम-प्रदेश में घूमती हुई।

संगिनी : हम यहाँ के घर देखना चाहती हैं।

रंगिणी : यहाँ के जीवन का अध्ययन करना चाहती हैं।

संगिनी : और पहले मैं परिचय दे दूँ। यह है रंगिणी। उज्जयिनी के नाट्य केन्द्र में नृत्य का अभ्यास करती है। नाटक लिखने में भी इसकी रुचि है।

रंगिणी : और यह संगिनी–उसी केन्द्र में मृदंग और वीणा-वादन सीखती है। बहुत सुन्दर प्रणय-गीत लिखती है। अब गद्य की ओर आ रही है। और तुम्हारा परिचय?

मल्लिका कुछ भी उत्तर न देकर आश्चर्य से उनकी ओर देखती रहती है।

संगिनी : तुमने अपना परिचय नहीं दिया।

मल्लिका : मेरा परिचय कुछ भी नहीं है। आइए, यहाँ आसन पर बैठिए।

संगिनी : हम बैठने के लिए नहीं, अध्ययन करने के लिए आयी हैं। इस स्थान को आप लोग क्या कहते हैं?

मल्लिका : किस स्थान को?

रंगिणी : इसका अभिप्राय इस सारे स्थान से है जहाँ इस समय हम हैं। उज्जयिनी में हम इसे प्रकोष्ठ कहते हैं। यहाँ तुम लोग क्या कहते हो?

मल्लिका : प्रकोष्ठ।

रंगिणी : प्रकोष्ठ को तुम लोग भी प्रकोष्ठ कहते हो? और...

कुम्भों के निकट जाकर एक कुम्भ को छूती है।

इसे?

मल्लिका : कुम्भ।

रंगिणी : कुम्भ? प्रकोष्ठ को प्रकोष्ठ और कुम्भ को कुम्भ?

निराशा से कन्धे हिलाती है।

संगिनी : देखो, यहाँ के कुछ स्थानीय शब्द नहीं हैं?

मल्लिका हतप्रभ-सी उनकी ओर देखती रहती है।

मल्लिका : स्थानीय शब्द?

संगिनी : हाँ, आँचलिक शब्द। जैसे पतञ्जलि ने लिखा है न कि यद्वा को कुछ लोग यर्वा बोलते हैं और तद्वा को तर्वा। यर्वाणस्तर्वाणः ऋषयो बभूवुः।

मल्लिका : मुझे इतना ज्ञान नहीं है।

संगिनी कुछ निराश-सी आसन पर बैठ जाती है। रंगिणी घूमकर प्रकोष्ठ की एक-एक वस्तु

का निरीक्षण करती है। मल्लिका संगिनी के पास चली जाती है।

संगिनी : देखो, हम कुछ ऐसी बातें जानना चाहती हैं जिनका सम्बन्ध यहाँ के और केवल यहाँ के जीवन से हो। तुम्हारे घर और वस्त्र तो लगभग हमारे जैसे हैं। यहाँ के जीवन की अपनी विशेषता क्या है?

मल्लिका : यहाँ के जीवन की अपनी विशेषता?

पल-भर झरोखे की ओर देखती रहती है।

मैं नहीं जानती। हमारा जीवन हर दृष्टि से बहुत साधारण है।

संगिनी : यह मैं नहीं मान सकती। इस प्रदेश ने कालिदास जैसी असाधारण प्रतिभा को जन्म दिया है। यहाँ की तो प्रत्येक वस्तु असाधारण होनी चाहिए।

रंगिणी चूल्हे के आसपास की सब वस्तुओं को अच्छी तरह देखकर तथा एक बार अन्दर झाँककर उसके पास आ जाती है।

रंगिणी : देखो, मैं तुम्हें समझाती हूँ। बात यह है कि राजकीय नियोजन से हम दोनों कवि कालिदास के जीवन की पृष्ठभूमि का अध्ययन कर रही हैं। तुम समझ सकती हो कि यह कितना बड़ा और महत्त्वपूर्ण कार्य है। परन्तु यहाँ घूमकर हम तो लगभग निराश हो चुकी हैं, यहाँ कुछ सामग्री है ही नहीं।

संगिनी : अच्छा, यहाँ की कुछ वनस्पतियों के नाम बताइये।

मल्लिका : कैसी वनस्पति?

संगिनी : कैसी वनस्पति?

सोचने लगती है।

जैसे कालिदास ने 'कुमारसम्भव' में लिखा है—'भास्वन्ति रत्नानि महौषधींश्च'। ये प्रकाश देने वाली ओषधियाँ कौन-सी हैं?

मल्लिका : ओषधियाँ प्रकाश नहीं देतीं।

संगिनी उठ खड़ी होती है।

संगिनी : ओषधियाँ प्रकाश नहीं देतीं? तुम्हारा अभिप्राय है कि कालिदास ने जो लिखा है, वह झूठ है?

मल्लिका : उन्होंने कुछ भी झूठ नहीं लिखा। उन्होंने तो लिखा है कि...

रंगिणी : रहने दे संगिनी! यह यहाँ के सम्बन्ध में विशेष कुछ नहीं जानती।

संगिनी भी निराशा से मुँह बिचकाकर उठ खड़ी होती है।

संगिनी : अच्छा, तुम्हारा बहुत समय नष्ट किया। क्षमा करना। चल, रंगिणी!

दोनों चली जाती हैं। मल्लिका ड्योढ़ी का किवाड़ बन्द कर देती है। आसन के पास जाकर नीचे बैठ जाती है और बिखरे पृष्ठों पर सिर टिका देती है। उसकी आँखें मुँद जाती हैं।

मल्लिका : आज वर्षों के बाद तुम लौटकर आए हो! सोचती थी तुम आओगे तो उसी तरह मेघ घिरे होंगे, वैसा ही अँधेरा-सा दिन होगा, वैसे ही एक बार वर्षा में भीगूँगी और तुमसे कहूँगी कि देखो मैंने तुम्हारी सब रचनाएँ पढ़ी हैं...

कुछ पृष्ठ हाथ में ले लेती है।

उज्जयिनी की ओर जाने वाले व्यवसायियों से कितना-कितना कहकर मैंने तुम्हारी रचनाएँ मँगवायी हैं।...सोचती थी तुम्हें 'मेघदूत' की पंक्तियाँ गा-गाकर सुनाऊँगी। पर्वत-शिखर से घण्टा-ध्वनियाँ गूँज उठेंगी और मैं अपनी यह भेंट तुम्हारे हाथों में रख दूँगी...

मोढ़े पर रखा ग्रन्थ उठा लेती है।

कहूँगी कि देखो, ये तुम्हारी नई रचना के लिए हैं। ये कोरे पृष्ठ मैंने अपने हाथों से बनाकर सिए हैं। इन पर तुम जब जो भी लिखोगे, उसमें मुझे अनुभव होगा कि मैं भी कहीं हूँ, मेरा भी कुछ है।

निःश्वास छोड़कर ग्रन्थ रख देती है।

परन्तु आज तुम आये हो, तो सारा वातावरण ही और है। और...और नहीं सोच पा रही कि तुम भी वही हो या..?

कोई किवाड़ खटखटाता है। वह अपने को झटककर उठ खड़ी होती है और जाकर किवाड़ खोल देती है। ड्योढ़ी में अनुस्वार और आनुनासिक साथ-साथ खड़े दिखाई देते हैं। मल्लिका उन्हें देखकर असमंजस में पड़ जाती है।

अनुस्वार : मुझे विश्वास है मैं इस समय देवी मल्लिका के सामने खड़ा हूँ।

मल्लिका : कहिये।

अनुस्वार : देव मातृगुप्त के अनुचरों का अभिवादन स्वीकार कीजिए।

दोनों झुककर अभिवादन करते हैं। मल्लिका भौचक्की-सी उन्हें देखती रहती है।

मल्लिका : देव मातृगुप्त? देव मातृगुप्त कौन हैं?

अनुस्वार : 'ऋतुसंहार, 'कुमारसम्भव', 'मेघदूत' एवं 'रघुवंश' के प्रणेता कवीन्द्र, राजनीति-निष्णात आचार्य तथा काश्मीर के भावी शासक। देव मातृगुप्त की राजमहिषी गुप्त वंश-दुहिता परम विदुषी देवी प्रियंगुमंजरी आपके साक्षात्कार के लिए उत्सुक हैं और शीघ्र ही यहाँ आया चाहती हैं। हम उनके अनुचर आपको इसकी पूर्व-सूचना देने के लिए उपस्थित हैं।

मल्लिका : 'ऋतुसंहार' और 'मेघदूत' आदि के प्रणेता तो कालिदास हैं और आप कह रहे हैं कि...।

अनुस्वार : वे गुप्त राज्य की ओर से काश्मीर का शासन सँभालने जा रहे हैं। मातृगुप्त उन्हीं का नया नाम है।

मल्लिका : वे काश्मीर का शासन सँभालने जा रहे हैं? और...और उनकी राजमहिषी मुझसे मिलने के लिए आ रही हैं?

अनुसवार : मुझे विश्वास है कि इस गौरवपूर्ण अवसर पर आप अपने उपवेश-गृह के वस्तु-विन्यास में कुछ परिवर्तन आवश्यक समझेंगी। इसे आपका आदेश समझते हुए हम यह कार्य अभी अपने हाथों में सम्पन्न किये देते हैं। आओ, अनुनासिक।

दोनों प्रकोष्ठ में आकर निरीक्षण करने की दृष्टि से सब वस्तुओं को देखने लगते हैं। मल्लिका एक ओर हट जाती है। अनुनासिक आसन के पास चला जाता है।

अनुनासिक : मैं समझता हूँ यह आसन द्वार के निकट होना चाहिए।

अनुस्वार : देवी द्वार से प्रवेश करेंगी और आसन द्वार के निकट होगा?

अनुनासिक : उस स्थिति में इसे इसकी वर्तमान स्थिति से सात अंगुल दक्षिण की ओर हटा देना चाहिए।

अनुस्वार : दक्षिण की ओर?

नकारात्मक भाव से सिर हिलाता है।

मैं समझता हूँ इसकी स्थिति पाँच अंगुल उत्तर की ओर होनी चाहिए। गवाक्ष से सूर्य की किरणें सीधी इस पर पड़ती हैं।

अनुनासिक : मैं तुमसे सहमत नहीं हूँ।

अनुस्वार : मैं तुमसे सहमत नहीं हूँ।

अनुनासिक : तो?

अनुस्वार : तो विवादास्पद विषय होने से आसन को यहीं रहने दिया जाए।

अनुनासिक : अच्छी बात है। इसे यहीं रहने दिया जाए। और ये कुम्भ?

कुम्भों के पास चला जाता है।

अनुस्वार : मैं समझता हूँ एक कुम्भ इस कोने में और दूसरा उस कोने में होना चाहिए।

अनुनासिक : पर मैं समझता हूँ कि कुम्भ यहाँ होने ही नहीं चाहिए।

अनुस्वार : क्यों?

अनुनासिक : क्यों का कोई उत्तर नहीं।

अनुस्वार : मैं तुमसे सहमत नहीं हूँ।

अनुनासिक : मैं तुमसे सहमत नहीं हूँ।

अनुस्वार : तो?

अनुनासिक : तो कुम्भों को भी यहीं रहने दिया जाए।

दोनों उधर जाते हैं जिधर रस्सी पर वस्त्र सूखने के लिए फैलाए गए हैं। मल्लिका आसन के

पास जाकर बिखरे पन्नों को समेटती है और उन्हें मोढ़े पर रखकर चुपचाप अन्दर चली जाती है। अनुस्वार गीले वस्त्रों को छूता है।

अनुस्वार : ये वस्त्र?

अनुनासिक : वस्त्र अभी गीले हैं, इसलिए इन्हें नहीं हटाना चाहिए।

अनुस्वार : क्यों?

अनुनासिक : शास्त्रीय प्रमाण ऐसा है।

अनुस्वार : कौन-सा प्रमाण है?

अनुनासिक : यह तो मुझे याद नहीं।

अनुस्वर : यह याद है कि ऐसा प्रमाण है?

अनुनासिक : हाँ।

अनुस्वार : तो?

अनुनासिक : तो संदिग्ध विषय है।

अनुस्वार : हाँ, तब तो अवश्य संदिग्ध विषय है।

अनुनासिक : संदिग्ध विषय होने से वस्त्रों को भी रहने दिया जाए।

अनुस्वार : अच्छी बात है। वस्त्रों को भी रहने दिया जाए।

अनुनासिक : परन्तु यह चूल्हा अवश्य यहाँ से हटा देना चाहिए।

अनुस्वार : चूल्हा हटाने का अर्थ होगा आस-पास की सब वस्तुओं को हटाया जाए। इसके लिए बहुत समय चाहिए।

अनुनासिक : समय के अतिरिक्त बहुत धैर्य चाहिए।

अनुस्वार : धैर्य के अतिरिक्त बहुत परिश्रम चाहिए।

अनुनासिक : मैं समझता हूँ कि भाजनों को हाथ लगाना हमारी स्थिति के अनुकूल नहीं है।

अनुस्वार : मैं भी यही समझता हूँ।

अनुनासिक : तो इस बात में हम दोनों सहमत हैं कि चूल्हे को न हटाया जाए?

अनुस्वार : मैं समझता हूँ हम दोनों सहमत हैं।

अनुनासिक चारों ओर देखता है।

अनुनासिक : और तो कुछ शेष नहीं?

अनुस्वार भी चारों ओर देखता है।

अनुस्वार : मेरे विचार में कुछ भी शेष नहीं।

अनुनासिक : नहीं, अभी शेष है।

अनुस्वार : क्या?

अनुनासिक : यह चौकी यहाँ रास्ते में पड़ी है। इसे यहाँ से हटा देना चाहिए।

अनुस्वार : मैं इससे सहमत हूँ।

अनुनासिक : तो?

अनुस्वार : तो?

अनुनासिक : तो इसे हटा देना चाहिए।

अनुस्वार : हाँ, अवश्य हटा देना चाहिए।

अनुनासिक : तो?

अनुस्वार : तो?

अनुनासिक : हटा दो।

अनुस्वार : मैं?

अनुनासिक : हाँ।

अनुस्वार : तुम नहीं?

अनुनासिक : नहीं।

अनुस्वर : क्यों?

अनुनासिक : क्यों का कोई उत्तर नहीं।

अनुस्वार : फिर भी!

अननुासिक : पहले मैंने तुमसे कहा है।

अनुस्वर : परन्तु चौकी देखी पहले तुमने है।

अनुनासिक : तो?

अनुस्वार : तो?

अनुनासिक : हटा दो।

अनुस्वार : तुम हटा दो।

अनुनासिक : तो रहने दो।

अनुस्वार : रहने दो।

अनुनासिक : अब?

अनुस्वार : हाँ, अब?

अनुनासिक : चारों ओर एक दृष्टि और डाल लें।

अनुस्वार : हाँ, चारों ओर एक दृष्टि और डाल लें।

मातुल उत्तेजित-सा बाहर से आता है।

मातुल : अधिकारी-वर्ग, आपका कार्य यहाँ पूरा हो गया।

अनुनासिक : क्यों अनुस्वार?

अनुस्वार : हाँ, पूरा हो गया। हो गया न? क्यों अनुनासिक?

अनुनासिक : हाँ, हो गया। केवल एक दृष्टि डालना शेष है।

अनुस्वार : हाँ, केवल एक दृष्टि डालना शेष है।

मातुल : तो वह दृष्टि अब रहने दीजिए। देवी प्रियंगुमंजरी बाहर पहुँच गयी हैं।

अनुनासिक : देवी बाहर पहुँच गयी हैं! तो चलो अनुस्वार।

अनुस्वार : चलो।

दोनों साथ-साथ बाहर चले जाते हैं। मातुल भी पीछे-पीछे चला जाता है और कुछ क्षण बाद प्रियंगुमंजरी को मार्ग दिखलाता वापस आता है।

मातुल : वह इस सारे प्रदेश में सबसे सुशील, सबसे विनीत और सबसे भोली लड़की है...।

मल्लिका अन्दर से आती है।

आओ-आओ, मल्लिका! मैं देवी से तुम्हारी ही प्रशंसा कर रहा था।

चाटुकारिता की हँसी हँसता है।

देवी जब से आयी हैं, तुम्हारे ही सम्बन्ध में पूछ रही हैं।...तो यही है हमारी मल्लिका, इस प्रदेश की राजहंसिनी अ...अ...मल्लिका, देवी के लिए कौन-सा आसन निश्चित किया गया है?

मल्लिका प्रियंगुमंजरी को अभिवादन करती है। प्रियंगुमंजरी मुसकराकर अभिवादन की स्वीकृति देती है।

प्रियंगु : आर्य मातुल, आप अब जाकर विश्राम करें। अनुचर मेरे लौटने तक बाहर प्रतीक्षा करेंगे।

मातुल : परन्तु आपके लिए आसन...?

प्रियंगु : उसकी चिन्ता न करें। मुझे असुविधा नहीं होगी।

मातुल : असुविधा तो होगी। आप असुविधा को असुविधा न मानें, यह दूसरी बात है। और वास्तव में कुलीनता कहते इसी को हैं। बड़े कुल की विशेषता ही यह होती है कि...

प्रियंगु : आप विश्राम करें। मैंने पहले ही आपको बहुत थकाया है।

मातुल : मुझे थकाया है? आपने?

फिर चाटुकारिता की हँसी हँसता है।

आपके कारण मैं थकूँगा? मुझे आप दिन-भर पर्वत-शिखर से खाई में और खाई से पर्वत-शिखर पर जाने को कहती रहें, तो भी मैं नहीं थकूँगा। मातुल का शरीर लोहे का बना है, लोहे का। आत्म-श्लाघा नहीं करता, परन्तु हमारे

वंश में केवल प्रतिभा ही नहीं, शारीरिक-शक्ति भी बहुत है। मैं पशुओं के पीछे दिन में दस-दस योजन घूमा हूँ। मैं कहता हूँ संसार में सबसे कठिन काम कोई है तो पशु-पालन का। एक भी पशु मार्ग से भटक जाए, तो... ।

प्रियंगु : देखिए, आज भी आपके पशु भटक रहे होंगे। जाकर एक बार उन्हें देख लीजिए।

मातुल : अब मैं पशु को देखता हूँ? गुप्त वंश के साथ सम्बन्ध, और पशुओं की देख-रेख? मैंने तो अपने सब पशु वर्षों पहले ही बेच दिए। और सच कहूँ, तो उसमें भी मुझे लाभ ही रहा क्योंकि...

प्रियंगु की दृष्टि मल्लिका से मिल जाती है। वह बढ़कर मल्लिका के हाथ अपने हाथों में ले लेती है।

प्रियंगु : सचमुच वैसी ही हो जैसी मैंने कल्पना की थी।

मल्लिका कुछ अव्यवस्थित होकर उसे देखती रहती है।

मातुल : क्योंकि...अ...अ...अच्छा, तो मुझे अनुमति दीजिए। घर में कई कुछ बिखरा पड़ा है। कई तरह की व्यवस्था करनी है। तो अनुचर आपकी प्रतीक्षा करेंगे।...फिर भी मेरे लिए कोई आदेश हो, तो कहला दीजिएगा...मल्लिका, देवी के बैठने की कुछ तो व्यवस्था कर दो। नहीं, ये तो ऐसे ही खड़ी रहेंगी। अच्छा, मैं चल रहा हूँ। कोई आदेश हो तो कहला दीजिएगा।

प्रियंगु : आप चलें। यहाँ के लिए चिन्ता करने की आवश्यकता नहीं।

मातुल : अच्छा-अच्छा...!

चल देता है।

मुझे चिन्ता करने की क्या आवश्यकता है? चिन्ता करने के लिए यहाँ मल्लिका है, अम्बिका है।...फिर भी कोई काम हो, तो कहला दीजिएगा...।

चला जाता है। प्रियंगुमंजरी क्षण-भर मल्लिका को देखती रहती है। फिर उसकी ठोड़ी को हाथ से छू लेती है।

प्रियंगु : सचमुच बहुत सुन्दर हो। जानती हो, अपरिचित होते हुए भी तुम मुझे अपरिचित नहीं लग रहीं?

मल्लिका : आप बैठ जाइए न।

प्रियंगु : नहीं, बैठना नहीं चाहती। तुम्हें और तुम्हारे घर को देखना चाहती हूँ। उन्होंने बहुत बार इस घर की और तुम्हारी चर्चा की है। जिन दिनों 'मेघदूत' लिख रहे थे, उन दिनों प्रायः यहाँ का स्मरण किया करते थे।

दृष्टि चारों ओर घूमकर फिर मल्लिका के चेहरे पर स्थिर हो जाती है।

आज इस भूमि का आकर्षण ही हमें यहाँ ले आया है। अन्यथा दूसरे मार्ग से जाने से हमें अधिक सुविधा थी।

मल्लिका : मैं समझ नहीं पा रही किस रूप में आपका आतिथ्य करूँ। आप आसन ले लें, तो मैं आपके लिए...।

प्रियंगु : आतिथ्य की बात मत सोचो। मैं तुम्हारे यहाँ अतिथि के रूप में नहीं आयी हूँ।...सम्भव था ये न भी आते, परन्तु मैं ही विशेष आग्रह के साथ इन्हें लायी हूँ। मैं स्वयं एक बार इस प्रदेश को देखना चाहती थी। इसके अतिरिक्त...

गले से हल्का विदग्धतापूर्ण स्वर निकल पड़ता है।

इसके अतिरिक्त एक और भी कारण था। चाहती थी कि इस प्रदेश का कुछ वातावरण साथ ले जाऊँ।

मल्लिका : इस प्रदेश का वातावरण?

प्रियंगुमंजरी मुस्कराकर उसे देखती है। फिर टहलती हुई झरोखे के पास चली जाती है।

प्रियंगु : यहाँ से बहुत दूर तक की पर्वत-शृंखलाएँ दिखायी देती हैं।...कितनी निर्व्याज सुन्दरता है। मुझे यहाँ आकर तुमसे स्पर्द्धा हो रही है।

मल्लिका दो-एक पग उस ओर को बढ़ आती है।

मल्लिका : हमारा सौभाग्य होगा कि आप कुछ दिन इस प्रदेश में रह जाएँ। यहाँ आपको असुविधा तो होगी, परन्तु...।

प्रियंगुमंजरी फिर विदग्ध भाव से उसे देखती है।

प्रियंगु : इस सौन्दर्य के सामने जीवन की सब सुविधाएँ हेय हैं। इसे आँखों में व्याप्त करने के लिए जीवन-भर का समय भी पर्याप्त नहीं।

झरोखे के पास से हट आती है।

परन्तु इतना अवकाश कहाँ है? काश्मीर की राजनीति इतनी अस्थिर है कि हमारा एक-एक दिन वहाँ से दूर रहना कई-कई समस्याओं को जन्म दे सकता है।...एक प्रदेश का शासन बहुत बड़ा उत्तरदायित्व है। हम पर तो और भी बड़ा उत्तरदायित्व है क्योंकि काश्मीर की स्थिति इस समय बहुत संकटपूर्ण है। यूँ वहाँ के सौन्दर्य की ही इतनी चर्चा है, परन्तु हमें उसे देखने का अवकाश कहाँ रहेगा?

बाँहें पीछे टिकाए आसन पर बैठ जाती है।

इसलिए तुमसे स्पर्द्धा होती है। सौन्दर्य का यह सहज

उपभोग हमारे लिए केवल एक सपना है।...बैठ जाओ।

आसन पर अपने सामने बैठने के लिए संकेत करती है। मल्लिका नीचे बैठने लगती है तो वह उसे रोक देती है।

यहाँ मेरे पास बैठो।

मल्लिका : मैं दूसरा आसन ले लेती हूँ।

कोने से मोढ़ा उठाकर आसन के पास रख लेती है और उस पर रखे भोजपत्र आदि गोदी में रखकर बैठ जाती है।

प्रियंगु : लगता है यहाँ ग्राम-प्रदेश में रहकर भी तुम्हें साहित्य से अनुराग है।

मल्लिका की आँखें झुक जाती हैं।

किसकी रचनाएँ हैं ये?

मल्लिका : कालिदास की।

प्रियंगु की भौंहें कुछ संकुचित हो जाती हैं।

प्रियंगु : अब वे मातृगुप्त के नाम से जाने जाते हैं। यहाँ भी उनकी रचनाएँ मिल जाती हैं?

मल्लिका : ये प्रतियाँ मैंने उज्जयिनी से आने वाले व्यवसायियों से प्राप्त की हैं।

प्रियंगुमंजरी के होठों पर हल्की व्यंग्यात्मक मुस्कराहट प्रकट होती है।

प्रियंगु : मैं समझ सकती हूँ। उनसे जान चुकी हूँ कि तुम बचपन से उनकी संगिनी रही हो। उनकी रचनाओं के प्रति तुम्हारा मोह स्वाभाविक है।

जैसे कुछ सोचती-सी छत की ओर देखने लगती है।

वे भी जब-तब यहाँ के जीवन की चर्चा करते हुए आत्मविस्मृत हो जाते हैं। इसीलिए राजनीतिक कार्यों से कई बार उनका मन उखड़ने लगता है।

फिर उसकी आँखें मल्लिका के मुख पर स्थिर हो जाती हैं।

ऐसे अवसरों पर उनके मन को सन्तुलित रखने के लिए बहुत प्रयत्न करना पड़ता है। राजनीति साहित्य नहीं है। उसमें एक-एक क्षण का महत्त्व है। कभी एक क्षण के लिए भी चूक जाएँ, तो बहुत बड़ा अनिष्ट हो सकता है। राजनीतिक जीवन की धुरी में बने रहने के लिए व्यक्ति को बहुत जागरूक रहना पड़ता है।...साहित्य उनके जीवन का पहला चरण था। अब वे दूसरे चरण में पहुँच चुके हैं। मेरा अधिक समय इसी आयास में बीतता है कि उनका बढ़ा हुआ चरण पीछे न हट जाए। ...बहुत परिश्रम पड़ता है इसमें।

मुस्कराने का प्रयत्न करती है।

तुम ऐसा नहीं समझतीं?

मल्लिका : मैं राजनीतिक जीवन के सम्बन्ध में कुछ भी नहीं जानती।

प्रियंगु : क्योंकि तुम ग्राम-प्रदेश में ही रही हो।

उठ खड़ी होती है। मल्लिका भी उठने लगती है, तो कन्धे पर हाथ रखकर वह उसे बिठा देती है।

बैठी रहो।

निचले होंठ को थोड़ा चबाती हुई टहलने लगती है।

मैंने तुमसे कहा था कि मैं यहाँ का कुछ वातावरण साथ ले जाना चाहती हूँ। यह इसलिए कि उन्हें अभाव का अनुभव न हो। उससे कई बार बहुत क्षति होती है। वे व्यर्थ में धैर्य खो देते हैं, जिसमें समय भी जाता है, शक्ति भी। उनके समय का बहुत मूल्य है। मैं चाहती हूँ उनका समय उस तरह नष्ट न हुआ करे।

मल्लिका के सामने आकर रुक जाती है।

इसीलिए मैं यहाँ से कई कुछ अपने साथ ले जा रही हूँ। कुछ हरिणशावक जाएँगे, जिनका हम अपने उद्यान में पालन करेंगे। यहाँ की ओषधियाँ उद्यान के क्रीड़ा-शैल पर तथा आसपास के प्रदेश में लगवा दी जाएँगी। हम यहाँ के-से कुछ घरों का भी वहाँ निर्माण करेंगे। मातुल और उनका परिवार भी साथ जाएगा। यहाँ से कुछ अनाथ बच्चों को वहाँ ले जाकर हम शिक्षा देंगे। मैं समझती हूँ इससे अन्तर पड़ेगा।

फिर टहलती हुई प्रकोष्ठ के दूसरे भाग में चली जाती है।

देख रही हूँ तुम्हारा घर बहुत जर्जर स्थिति में है। इसका परिसंस्कार आवश्यक है। चाहो, तो मैं इस कार्य के लिए आदेश दे जाऊँगी। उज्जयिनी के दो कुशल स्थपति हमारे साथ आये हैं। क्यों?

मल्लिका उठकर उसकी ओर आती है।

मल्लिका : आप बहुत उदार हैं। परन्तु हमें ऐसे ही घर में रहने का अभ्यास है, इसलिए असुविधा नहीं होती।

प्रियंगु : फिर भी चाहूँगी कि इस घर का परिसंस्कार हो जाए। उनके जीवन के आरम्भिक वर्षों का इस ग़र के साथ

भी सम्बन्ध रहा है। मातुल के घर के स्थान पर मैंने नये भवन के निर्माण का आदेश दिया है। स्थपतियों से कहा है कि वे उज्जयिनी से श्लक्ष्ण शिलाएँ लाकर कार्य आरम्भ करें। खेद है कि कार्य के निरीक्षण के लिए मैं स्वयं यहाँ नहीं रह पाऊँगी। कल ही हमें आगे की यात्रा आरम्भ कर देनी होगी।...तुम भी हमारे साथ क्यों नहीं चलतीं?

मल्लिका विमूढ़-सी उसकी ओर देखती रहती है।

मल्लिका : मैं?

प्रियंगु पास आकर उसके कँधे पर हाथ रख देती है।

प्रियंगु : हाँ! इसमें बाधा क्या है? यहाँ तुम किसी ऐसे सूत्र से तो बँधी नहीं हो कि...

मल्लिका : मेरी माँ यहाँ है।

प्रियंगु : यह कोई बाधा नहीं है। तुम्हारी माँ के भी साथ चलने की व्यवस्था हो सकती है। हमारे स्थपति इस घर का परिसंस्कार करते रहेंगे, तुम वहाँ मेरे साथ मेरी संगिनी के रूप में रहोगी।

मल्लिका के चेहरे पर आहत अभिमान की रेखाएँ प्रकट होती हैं। परन्तु वह अपने को दबाये रखती है।

मल्लिका : क्षमा चाहती हूँ। मैं अपने को ऐसे गौरव की अधिकारिणी नहीं समझती।

प्रियंगु : परन्तु मैं तुम्हें इससे कहीं अधिक की अधिकारिणी समझती हूँ।...मेरे आने से पहले राज्य के दो अधिकारी यहाँ आये थे।

होंठों पर फिर विदग्ध मुस्कान आ जाती है।

मैंने उन्हें औपचारिकता के लिए ही नहीं भेजा था। तुमने उन दोनों को देखा है?

मल्लिका उसका अर्थ समझने का प्रयत्न करती हुई अनिश्चित-सी उसकी ओर देखती रहती है।

मल्लिका : देखा है।

प्रियंगु : तुम उनमें से जिसे भी अपने योग्य समझो, उसी के साथ तुम्हारे विवाह का प्रबन्ध किया जा सकता है। दोनों योग्य अधिकारी हैं।

मल्लिका : देवि!

भोजपत्रों को वक्ष से सटाए कुछ पग आसन की ओर हट जाती है। प्रियंगुमंजरी उसे सीधी दृष्टि से देखती हुई धीरे-धीरे उसके पास चली जाती है।

प्रियंगु : सम्भवतः तुम दोनों में से किसी को भी अपने योग्य नहीं समझतीं। परन्तु राज्य में ये दो ही नहीं, और भी अनेक अधिकारी हैं। मेरे साथ चलो। तुम जिससे भी चाहोगी..."

मल्लिका आसन पर बैठ जाती है और रुँधे आवेश से अपना होंठ काट लेती है।

मल्लिका : इस विषय की चर्चा छोड़ दीजिए।

गला रुँध जाने से शब्द स्पष्ट ध्वनित नहीं होते। अन्दर का द्वार खुलता है और अम्बिका रोग और आवेश के कारण शिथिल और काँपती-सी बाहर आकर जैसे अपने को सहेजने के लिए रुकती है।

प्रियंगु : क्यों? तुम्हारे मन में कल्पना नहीं है कि तुम्हारा अपना घर-परिवार हो?

अम्बिका धीरे-धीरे उनकी ओर बढ़ती है।

अम्बिका : नहीं। इसके मन में यह कल्पना नहीं है।

प्रियंगु घूमकर उसकी ओर देखती है। मल्लिका अव्यवस्थित भाव से उठ खड़ी होती है।

मल्लिका : माँ!

अम्बिका : इसके मन में यह कल्पना नहीं है क्योंकि यह भावना के स्तर पर जीती है। इसके लिए जीवन में...

साँस फूल जाने से शब्द गले में अटक जाते हैं। मल्लिका हाथ के पृष्ठ आसन पर रख देती है और पास जाकर अम्बिका को पीठ से सहारा देती है।

मल्लिका : तुम उठ क्यों आयीं, माँ? तुम्हारा स्वास्थ्य ठीक नहीं है। चलो, चलकर लेट रहो।

उसे वापस अन्दर ले जाना चाहती है, परन्तु अम्बिका उसका हाथ अपनी पीठ से हटा देती है।

अम्बिका : मैं किसी आनेवाले से बात भी नहीं कर सकती? दिन, मास, वर्ष मुझे घुटते हुए बीत गए हैं। मेरे लिए यह घर घर नहीं, एक काल-गुफा है जिसमें मैं हर समय बन्द रहती हूँ। और तुम चाहती हो, मैं किसी से बात भी न करूँ?

चलने की चेष्टा में गिरने को हो जाती है। मल्लिका उसे सँभाल लेती है।

मल्लिका : परन्तु माँ, तुम स्वस्थ नहीं हो।

अम्बिका : तुम्हारी अपेक्षा मैं फिर भी अधिक स्वस्थ हूँ।

प्रियंगु के पास जाकर उसे सिर से पैर तक देखती है।

यह घर सदा से इस स्थिति में नहीं है, र जवधू! मेरे हाथ चलते थे, तो मैं प्रतिदिन इसे लीपती-बुहारती थी। यहाँ की हर वस्तु इस तरह गिरी-टूटी नहीं थी। परन्तु आज तो हम दोनों माँ-बेटी भी यहाँ टूटी-सी पड़ी रहती हैं। यह सब इसलिए कि...।

फिर साँस फूल जाने से आगे नहीं बोल पाती। प्रियंगुमंजरी प्रकोष्ठ पर दृष्टि डालने के बहाने उसके पास से हट जाती है।

प्रियंगु : मैं देख रही हूँ घर की स्थिति अच्छी नहीं है। मल्लिका मेरे साथ चल सकती, तो समस्या वैसे ही सुलझ जाती। परन्तु अब...

होंठ काटती हुई जैसे सोचने के लिए क्षण भर रुकती है।

अब भी जो कुछ सम्भव है, मैं कर जाऊँगी। स्थपतियों को आदेश दे जाऊँगी कि इस घर को गिराकर इसके स्थान पर...''

मल्लिका चिहुँक जाती है।

मल्लिका : ऐसा मत कीजिए। इस घर को गिराने का आदेश मत दीजिए।

प्रियंगुमंजरी फिर सीधी दृष्टि से उसे देखती है।

प्रियंगु : मैं तुम्हारी सुविधा के लिए ही कह रही थी। तुम्हें इसमें असुविधा है, तो...ठीक है। मैं ऐसा आदेश नहीं दूँगी। फिर भी चाहती हूँ कि तुम्हारे लिए कुछ न कुछ कर

सकूं...। इस समय और नहीं रुक सकती। कल की यात्रा से पहले कई आवश्यक कार्य पूरे करने हैं। यूँ तो इस समय भी अवकाश नहीं था। पर मैंने आना आवश्यक समझा। वे पर्वत-शिखर की ओर घूमने गये थे। मैं उस बीच इधर चली आयी। अच्छा...!

मल्लिका की उँगलियाँ उलझ जाती हैं और आँखें झुक जाती हैं। अम्बिका अपने आवेश में दो-एक पग प्रियंगु की ओर बढ़ जाती है।

अम्बिका : मैं तुमसे कुछ कहना चाहती थी, राजवधू! तुम्हें बताना चाहती थी कि हम लोग...हम लोग...।

खाँसने लगती है और शब्द खाँसी में डूब जाते हैं। प्रियंगुमंजरी द्वार के पास से मुड़कर उसकी ओर देखती है।

प्रियंगु : मैं आपका कष्ट समझ रही हूँ। जो भी सहायता मुझसे बन पड़ेगी, अवश्य करूँगी। इस समय अनुचर प्रतीक्षा कर रहे हैं, इसलिए...''

गम्भीर मुस्कराहट के साथ मल्लिका को देखकर सिर हिलाती है और चली जाती है। अम्बिका आवेश से शिथिल उस ओर देखती रहती है। फिर गिरती-सी आसन पर बैठ जाती है और कुछ पन्ने उठाकर मल्लिका की ओर बढ़ा देती है।

अम्बिका : लो, 'मेघदूत' की पंक्तियाँ पढ़ो। इन्हीं में न कहती थीं उसके अन्तर की कोमलता साकार हो उठी है? आज इस कोमलता का और भी साकार रूप देख लिया?

मल्लिका ठगी-सी उसकी ओर देखती रहती है।

आज वह तुम्हें तुम्हारी भावना का मूल्य देना चाहता है, तो क्यों नहीं स्वीकार कर लेती। घर की भित्तियों का परिसंस्कार हो जाएगा और तुम उनके यहाँ परिचारिका बनकर रह सकोगी। इससे बड़ा और क्या सौभाग्य तुम्हें चाहिए?

मल्लिका : राजकन्या की अपनी जीवन-दृष्टि है माँ! उसके लिए और कोई कैसे उत्तरदायी है?

अम्बिका : परन्तु राजकन्या के यहाँ आने के लिए कौन उत्तरदायी है? निःसन्देह वह उस किसी की इच्छा के बिना यहाँ नहीं आयी। राज्य के स्थपति से घर की भित्तियों का परिसंस्कार कर देंगे! आज वह शासक है, उसके पास सम्पत्ति है। उस शासन और सम्पत्ति का परिचय देने के लिए इससे अच्छा और क्या उपाय हो सकता था?

मल्लिका : परन्तु माँ...।

अम्बिका : माँ कुछ नहीं जानती। कुछ नहीं समझती। माँ भावना की गहराई तक नहीं जाती। माँ...?

फिर खाँसी उठ आने से आगे नहीं बोल पाती। विलोम बाहर से आता है।

विलोम : इस तरह क्षुब्ध क्यों हो अम्बिका...? आज तो सारा ग्राम तुम्हारे सौभाग्य पर तुमसे स्पर्द्धा कर रहा है।

अर्थपूर्ण दृष्टि से मल्लिका की ओर देखता है। मल्लिका आँखें बचाकर दूसरी ओर हट जाती है।

राजकीय पगधूलि घर में पड़ती है, तो लोग गौरव का अनुभव करते हैं। ऐसा अवसर हर किसी के जीवन में कहाँ आता है?

अम्बिका : यह अवसर देखने के लिए ही तो मैंने आज तक का जीवन-जिया है। इतना बड़ा सौभाग्य हमारे क्षुद्र जीवन में कहाँ समा सकता है!

उठ खड़ी होती है।

चलो, मैं स्वयं चलकर सारे ग्राम में इस सौभाग्य की घोषणा करूँगी। हमारे वर्षों के अभाव और दुःख का कितना बड़ा फल लाए हैं कि राज्य के स्थपति हमारे घर की भित्तियों का परिसंस्कार कर देंगे!

विलोम : बैठ जाओ, अम्बिका! आज ग्राम के पास तुम्हारी बात सुनने का आवकाश नहीं है।

टहलता हुआ झरोखे के पास चला जाता है।

ग्राम के लोग आज व्यस्त हैं। उन्हें बाहर से आए अतिथियों के लिए कई तरह की सामग्री जुटानी है। अतिथि आज यहाँ के पत्थर तक बटोरकर ले जाना चाहते हैं। यहाँ के पत्थर आज बहुत मूल्यवान् समझे जाने लगे हैं।

मल्लिका : यहाँ के पत्थर पहले भी मूल्यवान् थे, आर्य विलोम! यह और बात है कि पहले किसी ने उनका मूल्य समझा नहीं है।

अम्बिका आवेश में कई पग उसकी ओर बढ़ जाती है।

अम्बिका : तो जाकर तुम भी बटोर क्यों नहीं लेतीं? सम्भव है फिर लोग यहाँ कोई पत्थर शेष न रहने दें और तुम्हारी भावना के लिए कोई आधार ही न रह जाए!

मल्लिका : बैठ जाओ, माँ तुम्हारा स्वास्थ्य ठीक नहीं है।

उसे बाँह से पकड़कर आसन पर बिठा देती है।

विलोम : ग्राम में चारों ओर बहुत उत्साह है। यह दिन इस प्रदेश के जीवन का सबसे बड़ा उत्सव है। लोग आज अपने पशुओं की चिन्ता नहीं कर रहे। वे अतिथियों के लिए भोजन और पान की सामग्री जुटाने में व्यस्त हैं। उस सामग्री में कुछ हरिणशावक भी होंगे जो राजकन्या के विशेष आदेश पर एकत्रित किये जा रहे हैं।

मल्लिका : यह सच नहीं है।

विलोम : सच नहीं है ? इन्द्र वर्मा और विष्णुदत्त को राजकन्या ने स्वयं आदेश दिया है कि...।

मल्लिका : उस आदेश का कुछ और अर्थ भी हो सकता है।

विलोम : और अर्थ? क्या और अर्थ हो सकता है? क्या राज-कन्या हरिणशावकों से खेला करेंगी? या उज्जयिनी के कलाकार उनकी अनुकृतियाँ बनाएँगे? यह भी एक मनोरंजक विषय है कि राज-परिवार के साथ आए राजधानी के कलाकार आज यहाँ की हर वस्तु की अनुकृतियाँ बनाते घूम रहे हैं। यहाँ का कोई पेड़, पत्ता, तिनका शेष नहीं रहेगा जिनकी वे अनुकृति बनाकर नहीं ले जाएँगे।

मल्लिका : इसका भी कुछ दूसरा अर्थ हो सकता है।

विलोम झरोखे के पास से हटकर उसकी ओर आता है।

विलोम : मैं कब कहता हूँ कि दूसरा अर्थ नहीं है? अर्थ बहुत स्पष्ट है। वे यहाँ की हर वस्तु को विचित्र के रूप में देखते हैं और उस वैचित्र्य को यहाँ से जाकर दूसरों को दिखाना चाहते हैं। तुम, मैं, यह घर, ये पर्वत, सब उनके लिए विचित्र के उदाहरण है। मैं तो उनकी सूक्ष्म और समर्थ दृष्टि की प्रशंसा करता हूँ जो यहाँ वैचित्र्य

नहीं, वहाँ भी विचित्र्य देख लेती है। एक कलाकार को मैंने यहाँ की धूप में अपनी छाया की अनुकृति बनाते देखा है।

अम्बिका : यहाँ की धूप में उन्हें अपनी छायाएँ अवश्य और-सी लगती होंगी!...वह कौन राक्षसी थी जो जिस किसी जीव को उसकी छाया से पकड़ लेती थी?

बोलते-बोलते फिर हाँफने लगती है।

मैं चाहती हूँ मैं ही वह राक्षसी होती जिससे आज मैं...आज मैं...।

खाँसी उठ आने से शब्द डूब जाते हैं। मल्लिका पास जाकर उसके कन्धों को सहारा देती है।

मल्लिका : तुमसे कहा है माँ, तुम विश्राम करो। बात मत करो।...आर्य विलोम, माँ का स्वास्थ्य ठीक नहीं है। इन्हें इस समय विश्राम करने दीजिए।

विलोम : हाँ, अम्बिका को तुम अन्दर ले जाओ। ग्राम का उत्सव कोलाहल अम्बिका के मन को और अशान्त करेगा। मैं तो केवल उत्सव की सूचना देने आया था।...आश्चर्य है कि कालिदास ने यहाँ आना उचित नहीं समझा। कल तो सुनते हैं वे लोग चले भी जाएँगे।

अम्बिका : उसने आना उचित नहीं समझा, क्योंकि वह जानता है अम्बिका अभी जीवित है।

विलोम : परन्तु मैं समझता हूँ वह एक बार आएगा अवश्य। उसे आना चाहिए। व्यक्ति किसी सम्बन्ध को ऐसे नहीं तोड़ता।

फिर टहलता हुआ झरोखे के पास चला जाता है।

और विशेष रूप से वह, जिसे एक कवि का कोमल

हृदय प्राप्त हो। तुम क्या सोचती हो, मल्लिका? उसे एक बार आना नहीं चाहिए?

मल्लिका : मैंने आपसे अनुरोध किया है आर्य विलोम, कि इस समय माँ को विश्राम करने दीजिए। आपकी बातों से माँ का मन विक्षुब्ध होता है।

विलोम : मेरी बातों से अम्बिका का मन विक्षुब्ध होता है? मैं समझता हूँ उसके कारण दूसरे हैं। अम्बिका जानती है किन कारणों से उसका मन विक्षुब्ध होता है।

झरोखे से बाहर देखने लगता है।

मैं भी उन कारणों को समझता हूँ। इसलिए बहुत-सी बातें, जो अम्बिका के मन में रहती हैं, मैं मुँह से कह देता हूँ।

मुड़कर मल्लिका की ओर देखता है।

तुम्हें मेरा यहाँ होना अखर रहा है, मैं जानता हूँ। यह कोई नयी बात नहीं। परन्तु मैं कुछ देर और यहाँ रहना चाहता हूँ।

फिर बाहर देखने लगता है।

पर्वत-शिखर की ओर से एक अश्वारोही को आते देख रहा हूँ। सम्भव है इस बार कुछ क्षणों के लिए वह यहाँ रुकना चाहे ! उस स्थिति में मैं भी उससे कुशल-क्षेम पूछ लूँगा। मेरी उससे पुरानी मित्रता है।

मल्लिका जैसे आपे से बाहर होने लगती है।

मल्लिका : आर्य विलोम, उस स्थिति मे आपका यहाँ होना किसी भी दृष्टि से उचित नहीं है। आप उनसे मिलना चाहें, तो उसके लिए यही एक स्थान नहीं है।

विलोम उसी तरह बाहर देखता रहता है।

विलोम : परन्तु यही स्थान क्या बुरा है? उसके जाने के दिन

भी हम यहीं पर मिले थे। वर्षों के बाद उसी स्थान पर मिलने से अन्तराल का अनुभव नहीं होगा।

मल्लिका विलोम के पास चली जाती है और उसे बाँह से पकड़कर झरोखे से हटा देना चाहती है।

मल्लिका : मैं अनुरोध करती हूँ आप इस समय यहाँ ठहरने का हठ न करें।

विलोम अपने स्थान से नहीं हिलता। दूर से घोड़े की टापों का शब्द सुनायी देने लगता है।

...मैं कह रही हूँ आप चले जाएँ। यह मेरा घर है। मैं नहीं चाहती, आप इस समय मेरे घर में हों।

विलोम फिर भी उसी तरह खड़ा रहता है। टापों का शब्द पास आता जाता है। मल्लिका उधर से हटकर अम्बिका के पास आ जाती है।

माँ, इनसे कहो यहाँ से चले जाएँ। मैं नहीं चाहती इस समय यहाँ कोई अयाचित स्थिति उत्पन्न हो। तुम स्वस्थ नहीं हो, और मैं नहीं चाहती कि कोई भी ऐसी बात हो जिसका तुम्हारे स्वास्थ्य पर विपरीत प्रभाव पड़े।

अम्बिका उसके हिलाने से इस तरह हिलती है जैसे वह जड़ हो गयी हो। उसके माथे पर त्योरियाँ पड़ी हैं और आँखें बिना पलक झपके सामने देख रही हैं। टापों का शब्द बहुत पास आ जाता है मल्लिका फिर विलोम के पास चली जाती है।

मल्लिका : आर्य विलोम, मैंने आपसे कहा है आप यहाँ से चले जाएँ। आप नहीं जानते कि...।

टापों का शब्द पास आकर दूर जाने लगता है। मल्लिका ऐसे स्तब्ध हो रहती है जैसे उसे काठ मार गया हो। विलोम धीरे से मुड़कर उसकी ओर देखता है।

विलोम : चला जाता हूँ

कण्ठ से हल्का व्यंग्यात्मक स्वर निकलता है।

मैं नहीं चाहता मेरे कारण यहाँ कोई अयाचित स्थिति उत्पन्न हो। परन्तु क्या अयाचित स्थिति उत्पन्न हो सकती है, जान सकता हूँ?

झरोखे से हटकर प्रकोष्ठ के बीच में आ जाता है।

क्यों अम्बिका, मेरे यहाँ रहने से क्या अयाचित स्थिति उत्पन्न हो सकती है?

अम्बिका : मैं जानती थी। आज नहीं, तब से ही जानती थी। वह आता, तो मुझे आश्चर्य होता। अब मुझे आश्चर्य नहीं है।

स्वर ऊँचा उठता जाता है। मल्लिका जैसे सारी शक्ति खोकर, धीरे-धीरे आसन पर बैठ जाती है।

कोई आश्चर्य नहीं है। प्रसन्नता है कि मैं उसके सम्बन्ध में ठीक सोचती थी। जीवन एक भावना है! कोमल भावना! बहुत-बहुत कोमल भावना!

विलोम : परन्तु मुझे खेद है। वर्षों से इस दिन की प्रतीक्षा थी। अपनी मित्रता पर भरोसा भी था...!

अर्थपूर्ण दृष्टि से मल्लिका की ओर देखता है।

परन्तु अब भरोसा नहीं रहा। सम्भवतः यह मित्रता एक ओर से ही थी। उसने कभी हमें अपनी मित्रता के योग्य

नहीं समझा। फिर समान की समान से मित्रता होती है...।

मल्लिका सहसा उठ खड़ी होती है। उसकी आँखों से हताशा की कठोरता झलक रही है।

मल्लिका : आर्य विलोम!

विलोम ऐसी दृष्टि से उसे देखता है, जैसे किसी बच्चे से खेल रहा हो।

मैं फिर कह रही हूँ आप चले जाएँ। अन्यथा वास्तव में ही यहाँ एक अयाचित स्थिति उत्पन्न हो जाएगी।

विलोम : ऐसा?...

मुस्कराकर अम्बिका की ओर देखता है।

तब तो मुझे अवश्य चले जाना चाहिए।...अच्छा अम्बिका! तुम्हारे स्वास्थ्य की मुझे बहुत चिन्ता रहती है। जहाँ तक सम्भव हो, घृत और मधु का सेवन करो। मैंने अभी-अभी नया मधु निकाला है। आवश्यकता हो, तो मैं तुम्हारे लिए....

मल्लिका : हमें मधु की आवश्यकता नहीं है। हमारे घर में मधु पर्याप्त मात्रा में है।

विलोम : ऐसा?...अच्छा, अम्बिका!

क्षण-भर दोनों की ओर देखता रहता है, फिर चल देता है। द्वार के पास पहुँचकर फिर रुक जाता है।

...पर कभी मधु की आवश्यकता पड़ ही जाए, तो संकोच मत करना।

फिर चला जाता है। मल्लिका क्षण-भर सिर झुकाए दबी-सी खड़ी रहती है। फिर अपने को सँभाल पाने में असमर्थ, अन्दर को चल

देती है। अम्बिका का भाव आवेश में हताशा और हताशा से करुणा में बदल जाता है।

अम्बिका : मल्लिका!

मल्लिका रुक जाती है। पर कुछ भी उत्तर न देकर मुँह हाथों में छिपा लेती है। अम्बिका उठकर धीरे-धीरे उसके पास आ जाती है और उसे बाँहों में ले लेती है। मल्लिका अम्बिका के वक्ष में मुँह छिपा लेती है। सारा शरीर रुलाई से काँपता रहता है, पर गले से स्वर नहीं निकलता। अम्बिका की आँखें भर आती हैं और वह उसके काँपते शरीर को अपने से सटाए उसकी पीठ पर हाथ फेरती रहती है। फिर होंठों और गालों से उसके सिर को दुलारने लगती है।

अम्बिका : अब भी रोती हो? उसके लिए? उस व्यक्ति के लिए जिसने...?

मल्लिका : उनके सम्बन्ध में कुछ मत कहो माँ, कुछ मत कहो...।

सिसकने लगती है। अम्बिका उसे सहारे से वहीं बिठा लेती है और उसकी सिसकती पीठ पर झुक जाती है।

अंक तीन

कुछ और वर्षों के बाद

वर्षा और मेघ गर्जन का शब्द। परदा उठने पर वही प्रकोष्ठ। एक दीपक जल रहा है। प्रकोष्ठ की स्थिति में पहले से बहुत अन्तर दिखाई देता है। सब कुछ जर्जर और अस्तव्यस्त है। कुम्भ केवल एक है और उसका भी कोना टूटा है। आसन अपने स्थान से हटा हुआ है और उस पर अब बाघ-छाल नहीं है। दीवारों पर से स्वस्तिक आदि के चिह्न लगभग बुझ चुके हैं। चूल्हे के पास केवल दो-एक बरतन हैं. जिन पर स्याही चढ़ी है। एक कोने में फटे-मैले वस्त्र एकत्रित हैं। प्रकोष्ठ में कोई नहीं है। मातुल भीगे वस्त्रों में बैसाखी के सहारे चलता हुआ आता है। चारों ओर दृष्टि डालकर एक लम्बी साँस लेता है, नकारात्मक ढंग से सिर हिलाता है। और प्रकोष्ठ के बीचों-बीच आ जाता है।

मातुल : मल्लिका!

मल्लिका का स्वर अन्दर से सुनायी देता है।

मल्लिका : कौन है?

मातुल : मैं हूँ, मातुल। देखो, वर्षा ने मातुल की क्या दुर्गति की है!

सिर से और वस्त्रों से पानी निचोड़ने लगता है मल्लिका अन्दर से आती है। उसके वस्त्र फटे हैं, रंग पहले से काला पड़ गया है और आँखों का भाव भी विचित्र-सा लगता है। उसके व्यक्तित्व में भी प्रकोष्ठ की-सी ही जीर्णता है। किवाड़ खुलने पर अन्दर का जो भाग दिखाई देता है वहाँ अब तल्प के स्थान पर एक टूटा पालना रखा है। मल्लिका बाहर आकर किवाड़ बन्द कर देती है।

मल्लिका : आर्य मातुल, आप इस वर्षा में?

मातुल : बर्षा से बचने के लिए तुम्हारे घर के सिवा कोई शरण नहीं थी। सोचा, जो हो, मातुल के लिए आज भी तुम वही मल्लिका हो।...यह आषाढ़ की वर्षा तो मेरे लिए काल हो रही है। पहले जब दो पैरों पर चल लेता था, तो मैंने कभी भारी से भारी वर्षा की चिन्ता नहीं की। परन्तु अब यह स्थिति है कि बैसाखी आगे रखता हूँ तो पैर पीछे को फिसल जाता है और पैर आगे रखता हूँ तो बैसाखी पीछे को फिसल जाती है। यह जानता कि राज-प्रासाद में रहकर पाँव तोड़-बैठूँगा तो कभी ग्राम छोड़कर वहाँ न जाता। अब पीछे से मेरा घर भी उन लोगों ने ऐसा कर दिया है कि कहीं पैर टिकता ही नहीं। इन चिकने शिला-खंडों से तो वह मिट्टी ही अच्छी थी जो पैर को पकड़ती तो थी। मैं तो अब घर के रहते बेघर हो रहा हूँ। न बाहर रहते बनता है न अन्दर। उन श्वेत शिला-खण्डों के दर्शन से ही मुझे प्रासाद का स्मरण हो आता है। जहाँ रहकर एक पाँव तोड़ आया हूँ।

मल्लिका : खड़े रहने में कष्ट होगा। आसन ले लीजिए।

मातुल आसन के पास जाकर बैसाखी रख देता है और जमकर बैठ जाता है।

मातुल : मुझसे कोई पूछे तो मैं कहूँगा कि राज-प्रासाद में रहने से अधिक कष्टकर स्थिति संसार में हो ही नहीं सकती। आप आगे देखते हैं, तो प्रतिहारी जा रहे हैं। पीछे देखते हैं, तो प्रतिहारी आ रहे हैं। सच कहता हूँ, मुझे कभी पता ही नहीं चल पाया कि प्रतिहारी मेरे पीछे चल रहे हैं या मैं प्रतिहारियों के पीछे चल रहा हूँ।...और इससे भी कष्टकर स्थिति यह थी कि जिन व्यक्तियों को देखकर मेरा आदर से सिर झुकाने को मन करता था, वे मेरे सामने सिर झुका देते थे। मेरे सामने...।

हाथ से अपनी ओर संकेत करता है।

बताओ मातुल में ऐसा क्या है जिसके आगे कोई सिर झुकाएगा? मातुल न देवी है न देवता, न पण्डित है, न राजा है। तो फिर क्यों कोई सिर झुकाकर मातुल की वन्दना करे? परन्तु नहीं। लोग मातुल की तो क्या मातुल के शरीर से उतरे वस्त्रों तक की वन्दना करने को प्रस्तुत थे। और मैं बार-बार अपने को छूकर देखता था कि मेरा शरीर हाड़-माँस का ही है या चिकने पत्थर का हो गया है, जैसे मन्दिरों में देवी-देवताओं का होता है।...यहाँ आकर सबसे बड़ा सुख यही है कि न कोई झुककर मेरी वन्दना करता है और न ही मुझे भ्रम होता है कि मैं आगे चल रहा हूँ या प्रतिहारी आगे चल रहे हैं। केवल यह वर्षा मुझसे नहीं सही जाती।

मल्लिका : वस्त्र सुखाने के लिए आग जला दूँ?

मातुल चूल्हे की ओर देखता है, फिर चारों ओर दृष्टि डालता है।

मातुल : तुमने घर की क्या अवस्था कर रखी है! अम्बिका के न रहने से घर की व्यवस्था ही नहीं रही।...यह ठीक है कि प्रियंगुमंजरी ने तुम्हारे लिए कुछ वस्त्र और स्वर्ण-मुद्राएँ भिजवायी थीं जो तुमने लौटा दीं?

मल्लिका : मुझे उनकी आवश्यकता नहीं थी।

मैले वस्त्रों के पास जाकर उनके नीचे से भोजपत्रों का बना ग्रन्थ निकाल लेती है। और उसकी धूल झाड़ने लगती है।

मातुल : और इस घर के परिसंस्कार के लिए भी उसने स्थपतियों से कहा था।

मल्लिका : मैंने किसी परिसंस्कार की आवश्यकता नहीं समझी।

ग्रन्थ रखने के लिए इधर-उधर स्थान देखती है। फिर उसे मातुल के पास आसन पर रख देती है।

आग जला दूँ।

मातुल : नहीं, वर्षा थम रही है।

बैसाखी लिए हुए झरोखे के पास चला जाता है।

हल्की-हल्की बूँदें हैं। किसी तरह घिसटता हुआ घर पहुँच जाऊँ, तो वहीं वस्त्र सुखाऊँगा। कहीं फिर धारासार बरसने लगा तो बस...।

झरोखे से हटकर मल्लिका के पास आ जाता है।

तुमने काश्मीर का कुछ समाचार सुना है?

मल्लिका गम्भीर और स्थिर दृष्टि से उसकी ओर देखती रहती है।

मल्लिका : मैं हर समय घर में ही रहती हूँ। कहीं का भी समाचार कैसे सुन सकती हूँ?

मातुल : मैंने सुना है। विश्वास नहीं होता, परन्तु होता भी है। राजनीति में कुछ भी असम्भव नहीं है। जितना सम्भव है कि ऐसा न हो, उतना ही सम्भव है कि ऐसा हो। और यह भी सम्भव है कि जो हो, वह न हो...।

मल्लिका अप्रतिभ-सी उसकी ओर देखती रहती है।

मल्लिका : परन्तु समाचार क्या है?

मातुल : समाचार यह है कि सम्राट् का निधन हो गया है। काश्मीर में विद्रोही शक्तियाँ सिर उठा रही हैं। वहीं से आए एक आहत सैनिक का कहना है कि...कि कालिदास ने काश्मीर छोड़ दिया है।

मल्लिका : उन्होंने काश्मीर छोड़ दिया है?

वैसे ही अप्रतिभ-सी आसन पर बैठ जाती है।

और अब पुनः उज्जयिनी चले गये हैं?

मातुल : नहीं। उज्जयिनी नहीं गया। वहाँ के लोगों का तो कहना है कि उसने संन्यास ले लिया है और काशी चला गया है। परन्तु मुझे विश्वास नहीं होता। उसका राजधानी में इतना मान है। यदि काश्मीर में रहना सम्भव नहीं था, तो उसे सीधे राजधानी चले जाना चाहिए था। परन्तु असम्भव भी नहीं है। एक राजनीतिक जीवन दूसरे कालिदास। मैं आज तक दोनों में से किसी की भी धुरी नहीं पहचान पाया। मैं समझता हूँ कि जो कुछ मैं समझ पाता हूँ, सत्य सदा उसके विपरीत होता है। और मैं जब उस विपरीत तक पहुँचने लगता हूँ, तो सत्य उस विपरीत से विपरीत हो जाता है। अतः मैं जो कुछ समझ

पाता हूँ, वह सदा झूठ होता है। इससे अब तुम निष्कर्ष निकाल लो कि सत्य क्या हो सकता है कि उसने संन्यास ले लिया है, या नहीं लिया। मैं समझता हूँ कि उसने संन्यास नहीं लिया, इसलिए सत्य यही होना चाहिए कि उसने संन्यास ले लिया है और काशी चला गया है।

मल्लिका आसन से ग्रन्थ उठाकर वक्ष से लगा लेती है।

मल्लिका : नहीं, यह सत्य नहीं हो सकता। मेरा हृदय इसे स्वीकार नहीं करता।

मातुल : मैंने तुमसे क्या कहा था? कि मैं जो कहूँगा, वह कभी सत्य नहीं हो सकता! इसलिए मैं कुछ नहीं कहता। वह काशी गया है, तो भी मैं झूठा हूँ। नहीं गया, तो भी झूठा हूँ।...यह तो ठीक है?

बैसाखी पटकता हुआ चला जाता है। मल्लिका गुमसुम-सी आसन पर बैठी रहती है।

मल्लिका : नहीं, तुम काशी नहीं गये। तुमने संन्यास नहीं लिया। मैंने इसलिए तुमसे यहाँ से जाने के लिए नहीं कहा था। ...मैंने इसलिए भी नहीं कहा था कि तुम जाकर कहीं का शासन-भार सँभालो। फिर भी जब तुमने ऐसा किया, मैंने तुम्हें शुभकामनाएँ दीं—यद्यपि प्रत्यक्ष तुमने वे शुभकामनाएँ ग्रहण नहीं कीं।

ग्रन्थ को हाथों में लिये जैसे अभियोगपूर्ण दृष्टि से उसे देखती है।

मैं यद्यपि तुम्हारे जीवन में नहीं रही, परन्तु तुम मेरे जीवन में सदा बने रहे हो। मैंने कभी तुम्हें अपने से दूर नहीं होने दिया। तुम रचना करते रहे, और मैं समझती रही कि मैं सार्थक हूँ, मेरे जीवन की भी कुछ उपलब्धि है।

ग्रन्थ को घुटनों पर रख लेती है।

और आज तुम मेरे जीवन को इस तरह निरर्थक कर दोगे?

ग्रन्थ को आसन पर रखकर उद्विग्न दृष्टि से उसकी ओर देखती रहती है।

तुम जीवन से तटस्थ हो सकते हो, परन्तु मैं तो अब तटस्थ नहीं हो सकती। क्या जीवन को तुम मेरी दृष्टि से देख सकते हो? जानते हो मेरे जीवन के ये वर्ष कैसे व्यतीत हुए हैं? मैंने क्या-क्या देखा है? क्या से क्या हुई हूँ?

उठकर अन्दर का किवाड़ खोल देती है और पालने की ओर संकेत करती है।

इस जीव को देखते हो? पहचान सकते हो? यह मल्लिका है जो धीरे-धीरे बड़ी हो रही है और माँ के स्थान पर अब मैं उसकी देख-भाल करती हूँ।...यह मेरे अभाव की सन्तान है। जो भाव तुम थे, वह दूसरा नहीं हो सका, परन्तु अभाव के कोष्ठ में किसी दूसरे की जाने कितनी-कितनी आकृतियाँ हैं! जानते हो मैंने अपना नाम खोकर एक विशेषण उपार्जित किया है और अब मैं अपनी दृष्टि में नाम नहीं, केवल विशेषण हूँ।

किवाड़ बन्द करके आसन की ओर लौट पड़ती है।

व्यवसायी कहते थे, उज्जयिनी में अपवाद है, तुम्हारा बहुत-सा समय वारांगणाओं के सहवास में व्यतीत होता है।...परन्तु तुमने वारांगणा का यह रूप भी देखा है? आज तुम मुझे पहचान सकते हो? मैं आज भी उसी तरह पर्वत-शिखर पर जाकर मेघ-मालाओं को देखती हूँ। उसी तरह 'ऋतुसंहार' और 'मेघदूत' की पंक्तियाँ पढ़ती हूँ।

मैंने अपने भाव के कोष्ठ को रिक्त नहीं होने दिया। परन्तु मेरे अभाव की पीड़ा का अनुमान लगा सकते हो?

कुहनियाँ आसन पर रखकर बैठ जाती है। और ग्रन्थ हाथों में उठा लेती है।

नहीं, तुम अनुमान नहीं लगा सकते। तुमने लिखा था कि एक दोष गुणों के समूह में उसी तरह छिप जाता है, जैसे चाँद की किरणों में कलंक; परन्तु दारिद्रय नहीं छिपता। सौ-सौ गुणों में भी नहीं छिपता। नहीं, छिपता ही नहीं, सौ-सौ गुणों को छा लेता है—एक-एक करके नष्ट कर देता है।

बोलती-बोलती और अन्तर्मुख हो जाती है।

परन्तु मैंने यह सब सह लिया। इसलिए कि मैं टूटकर भी अनुभव करती रही कि तुम बन रहे हो। क्योंकि मैं अपने को अपने में न देखकर तुममें देखती थी। और आज यह सुन रही हूँ कि तुम सब छोड़कर संन्यास ले रहे हो? तटस्थ हो रहे हो? उदासीन? मुझे मेरी सत्ता के बोध से इस तरह वंचित कर दोगे?

बिजली कौंधती है और मेघ-गर्जन सुनायी देता है।

वही आषाढ़ का दिन है। उसी तरह मेघ गरज रहे हैं। वैसे ही वर्षा हो रही है। वही मैं हूँ। उसी घर में हूँ। किन्तु...!

पुनः बिजली कौंधती है, मेघ-गर्जन सुनायी देता है और ड्योढ़ी का द्वार धीरे-धीरे खुलता है। कालिदास क्षत-विक्षत-सा, द्वार खोलकर ड्योढ़ी में ही खड़ा रहता है। मल्लिका किवाड़ खुलने के शब्द से उधर देखती है और सहसा

उठ खड़ी होती है। कालिदास अन्दर आता है। मल्लिका जड़-सी उसे देखती रहती है।

कालिदास : सम्भवतः पहचानती नहीं हो।

मल्लिका उसी तरह देखती रहती है। कालिदास प्रकोष्ठ में इधर-उधर देखता है, फिर मल्लिका पर सिर से पैर तक एक दृष्टि डालकर आसन की ओर चला जाता है।

और न पहचानना ही स्वाभाविक है, क्योंकि मैं वह व्यक्ति नहीं हूँ जिसे तुम पहले पहचानती रही हो। दूसरा व्यक्ति हूँ।

बाँहें पीछे टिकाकर आसन पर बैठ जाता है।

और सच कहूँ तो वह व्यक्ति हूँ जिसे मैं स्वयं नहीं पहचानता!...तुम इस तरह जड़-सी क्यों खड़ी हो? मुझे देखकर बहुत आश्चर्य हुआ?

मल्लिका किवाड़ बन्द कर देती है। फिर खोयी-सी उसकी ओर बढ़ आती है।

मल्लिका : आश्चर्य?...मुझे विश्वास ही नहीं हो रहा कि तुम तुम हो, और मैं जो तुम्हें देख रही हूँ, वास्तव में मैं मैं ही हूँ!

कालिदास : देख रहा हूँ कि तुम भी वह नहीं हो। सब कुछ बदल गया है। या सम्भव है कि परिवर्तन केवल मेरी दृष्टि में हुआ है।

मल्लिका : मुझे विश्वास नहीं होता कि यह स्वप्न नहीं है...।

कालिदास : नहीं, स्वप्न नहीं है। यथार्थ है कि मैं यहाँ हूँ। दिनों की यात्रा करके थका, टूटा-हारा हुआ यहाँ आया हूँ कि एक बार यहाँ के यथार्थ को देख लूँ।

मल्लिका : बहुत भीग गये हो। मेरे यहाँ सूखे वस्त्र तो नहीं हैं, पर मैं...।

कालिदास : मेरे भीगे होने की चिन्ता मत करो।...जानती हो, इस तरह

भीगना भी जीवन की एक महत्त्वाकांक्षा हो सकती है? वर्षों के बाद भीगा हूँ। अभी सूखना नहीं चाहता। चलते-चलते बहुत थक गया था। कई दिन ज्वर आता रहा। परन्तु इस वर्षा से जैसे सारी थकान मिट गयी है...।

मल्लिका उसके और पास चली जाती है।

मल्लिका : बहुत थक गये हो?

कालिदास : थक गया था। अब भी थका हूँ परन्तु वर्षा ने थकान कम कर दी है।

मल्लिका : तुम सचमुच पहचाने नहीं जाते।

कालिदास क्षण-भर उसे देखता रहता है। फिर उठकर झरोखे के पास चला जाता है।

कालिदास : और तुम्हीं कहाँ पहचानी जाती हो? यह घर भी कितना बदल गया है! और मैं आशा कर रहा था कि सब कुछ वैसा ही होगा, ज्यों का त्यों, यथास्थान।...पर कुछ भी तो यथास्थान नहीं है।

चारों ओर देखता है।

तुमने सब कुछ बदल दिया है। सभी कुछ बदल दिया है।

मल्लिका : मैंने नहीं बदला।

कालिदास उसकी ओर देखता है, फिर टहलने लगता है।

कालिदास : जानता हूँ तुमने नहीं बदला। परन्तु मल्लिका...।

उसके पास आ जाता है।

मैंने नहीं सोचा था कि यह घर कभी मुझे अपरिचित भी लग सकता है। यहाँ की प्रत्येक वस्तु का स्थान और विन्यास इतना निश्चित था। परन्तु आज सब कुछ अपरिचित लग रहा है, और...

उसकी आँखों में देखता है।

...और तुम भी। तुम भी अपरिचित लग रही हो। इसलिए कहता हूँ कि सम्भव है दृश्य उतना नहीं बदला जितना मेरी दृष्टि बदल गयी है।

मल्लिका : थके हो, बैठ जाओ। आँखों से लगता है, तुम अब भी स्वस्थ नहीं हो।

कालिदास : बहुत दिन इधर-उधर भटकने के बाद यहाँ आया हूँ। काश्मीर जाते हुए जिस कारण से नहीं आया था, आज उसी कारण से आया हूँ।

क्षण-भर दोनों की आँखें मिली रहती हैं।

मल्लिका : आर्य मातुल से आज ही पता चला था कि तुमने काश्मीर छोड़ दिया है।

कालिदास : हाँ, क्योंकि सत्ता और प्रभुता का मोह छूट गया है। आज मैं उस सबसे मुक्त हूँ जो वर्षों से मुझे कसता रहा है। काश्मीर में लोग समझते हैं कि मैंने संन्यास ले लिया है। परन्तु मैंने संन्यास नहीं लिया। मैं केवल मातृगुप्त के कलेवर से मुक्त हुआ हूँ जिससे पुनः कालिदास के कलेवर में जी सकूँ। एक आकर्षण सदा मुझे उस सूत्र की ओर खींचता था जिसे तोड़कर मैं यहाँ से गया था। यहाँ की एक-एक वस्तु में जो आत्मीयता थी, वह यहाँ से जाकर मुझे कहीं नहीं मिली। मुझे यहाँ की एक-एक वस्तु के रूप और आकार का स्मरण है।

फिर प्रकोष्ठ में आसपास देखता है।

कुम्भ, बाघ-छाल, कुशा, दीपक, गेरू की आकृतियाँ.. .और तुम्हारी आँखें। जाने के दिन तुम्हारी आँखों का जो रूप देखा था, वह आज तक मेरी स्मृति में अंकित

है। मैं अपने को विश्वास दिलाता रहा हूँ कि कभी भी लौटकर आऊँ, यहाँ सब कुछ वैसा ही होगा।

कोई द्वार खटखटाता है। मल्लिका अव्यवस्थित होकर उस ओर देखती है। कालिदास द्वार की ओर जाना चाहता है, पर वह उसे रोक देती है।

मल्लिका : द्वार बन्द रहने दो। तुम जो बात कर रहे हो, करते जाओ।

कालिदास : देख तो लो कौन आया है।

मल्लिका : वर्षा का दिन है। कोई भी हो सकता है। तुम बात करते रहो। वह चला जाएगा।

बाहर से आगन्तुक नशे के स्वर में झल्लाता हुआ लौट जाता है...हर समय द्वार बन्द... हैं? हर समय द्वार बन्द!'

कालिदास : कौन था यह?

मल्लिका : कहा है न कोई भी हो सकता है। वर्षा में जिस किसी को आश्रय की आवश्यकता पड़ सकती है।

कालिदास : परन्तु मुझे इसका स्वर बहुत विचित्र-सा लगा।

मल्लिका : तुम यहाँ के सम्बन्ध में बात कर रहे थे।

कालिदास : लगा जैसे मैं इस स्वर को पहचानता हूँ। जैसे यहाँ की हर वस्तु की तरह यह भी किसी परिचित स्वर का बदला हुआ रूप है।

मल्लिका : तुम थके हुए हो और अस्वस्थ हो। बैठकर बात करो।

कालिदास एक निःश्वास छोड़कर आसन पर बैठ जाता है। मल्लिका घुटनों पर बाँहें रखकर कुछ दूर नीचे बैठ जाती है।

कालिदास : मैंने बहुत बार अपने सम्बन्ध में सोचा है मल्लिका, और

हर बार इस निष्कर्ष पर पहुँचा हूँ कि अम्बिका ठीक कहती थी।

बाँहें पीछे की ओर फैल जाती हैं और आँखें छत की ओर उठ जाती हैं।

मैं यहाँ से क्यों नहीं जाना चाहता था? एक कारण यह भी था कि मुझे अपने पर विश्वास नहीं था। मैं नहीं जानता था कि अभाव और भर्त्सना का जीवन व्यतीत करने के बाद प्रतिष्ठा और सम्मान के वातावरण में जाकर मैं कैसा अनुभव करूँगा। मन में कहीं यह आशंका थी कि वह वातावरण मुझे छा लेगा और मेरे जीवन की दिशा बदल देगा...और यह आशंका निराधार नहीं थी।

आँखें मल्लिका की ओर झुक आती हैं।

तुम्हें बहुत आश्चर्य हुआ था कि मैं काश्मीर का शासन सँभलाने जा रहा हूँ? तुम्हें यह बहुत अस्वाभाविक लगा होगा। परन्तु मुझे इसमें कुछ भी अस्वाभाविक प्रतीत नहीं होता। अभावपूर्ण जीवन की वह एक स्वाभाविक प्रतिक्रिया थी। सम्भवतः उसमें कहीं उन सबसे प्रतिशोध लेने की भावना भी थी जिन्होंने जब-तब मेरी भर्त्सना की थी, मेरा उपहास उड़ाया था।

होंठ काटकर उठ पड़ता है और झरोखे के पास चला जाता है।

परन्तु मैं यह भी जानता था कि मैं सुखी नहीं हो सकता। मैंने बार-बार अपने को विश्वास दिलाना चाहा कि कमी उस वातावरण में नहीं मुझमें है। मैं अपने को बदल लूँ, तो सुखी हो सकता हूँ। परन्तु ऐसा नहीं हुआ। न तो मैं बदल सका, न सुखी हो सका। अधिकार मिला, सम्मान बहुत मिला, जो कुछ मैंने लिखा उसकी प्रतिलिपियाँ देश

-भर में पहुँच गयीं, परन्तु मैं सुखी नहीं हुआ। किसी और के लिए वह वातावरण और जीवन स्वाभाविक हो सकता था, मेरे लिए नहीं था। एक राज्याधिकारी का कार्यक्षेत्र मेरे कार्यक्षेत्र से भिन्न था। मुझे बार-बार अनुभव होता कि मैंने प्रभुता और सुविधा के मोह में पड़कर उस क्षेत्र में अनधिकार प्रवेश किया है, और जिस विशाल में मुझे रहना चाहिए था उससे दूर हट आया हूँ। जब भी मेरी आँखें दूर तक फैली क्षितिज-रेखा पर पड़तीं, तभी यह अनुभूति मुझे सालती कि मैं उस विशाल से दूर हट आया हूँ। मैं अपने को आश्वासन देता कि आज नहीं तो कल मैं परिस्थितियों पर वश पा लूँगा और समान रूप से दोनों क्षेत्रों में अपने को बाँट दूँगा। परन्तु मैं स्वयं ही परिस्थितियों के हाथों बनता और चालित होता रहा। जिस कल की मुझे प्रतीक्षा थी, वह कल कभी नहीं आया और मैं धीरे-धीरे खण्डित होता गया, होता गया। और एक दिन ...एक दिन मैंने पाया कि मैं सर्वथा टूट गया हूँ। मैं वह व्यक्ति नहीं हूँ जिसका उस विशाल के साथ कुछ भी सम्बन्ध था।

क्षण-भर वह चुप रहता है। फिर टहलने लगता है।

काश्मीर जाते हुए मैं यहाँ से होकर नहीं जाना चाहता था। मुझे लगता था कि यह प्रदेश, यहाँ की पर्वत-शृंखला और उपत्यकाएँ मेरे सामने एक मूक प्रश्न का रूप ले लेंगी। फिर भी लोभ का संवरण नहीं हुआ। परन्तु उस बार यहाँ आकर मैं सुखी नहीं हुआ। मुझे अपने से वितृष्णा हुई। उनसे भी वितृष्णा हुई जिन्होंने मेरे आने के दिन को उत्सव की तरह माना। तब पहली बार मेरा

मन मुक्ति के लिए व्याकुल हुआ था। परन्तु उस समय मुक्त होना सम्भव नहीं था। मैं तब तुमसे मिलने के लिए नहीं आया क्योंकि भय था तुम्हारी आँखें मेरे अस्थिर मन को और अस्थिर कर देंगी। मैं इससे बचना चाहता था। उसका कुछ भी परिणाम हो सकता था। मैं जानता था तुम पर उसकी क्या प्रक्रिया होगी, दूसरे तुमसे क्या कहेंगे। फिर भी उस सम्बन्ध में निश्चिंत था कि तुम्हारे मन में कोई वैसा भाव नहीं आएगा। और मैं यह आशा लिए हुए चला गया कि एक कल ऐसा आएगा जब मैं तुमसे यह सब कह सकूँगा और तुम्हें अपने मन के द्वन्द्व का विश्वास दिला सकूँगा। ...यह नहीं सोचा कि द्वन्द्व एक ही व्यक्ति तक सीमित नहीं होता, परिवर्तन एक ही दिशा को व्याप्त नहीं करता। इसलिए आज यहाँ आकर बहुत व्यर्थता का बोध हो रहा है।

फिर झरोखे के पास चला जाता है।

लोग सोचते हैं मैंने उस जीवन और वातावरण में रहकर बहुत कुछ लिखा है। परन्तु मैं जानता हूँ कि मैंने वहाँ रहकर कुछ नहीं लिखा। जो कुछ लिखा है वह यहाँ के जीवन का ही संचय था। 'कुमारसम्भव' की पृष्ठभूमि यह हिमालय है और तपस्विनी उमा तुम हो। 'मेघदूत' के यक्ष की पीड़ा मेरी पीड़ा है और विरह-विमर्दिता यक्षिणी तुम हो—यद्यपि मैंने स्वयं यहाँ होने और तुम्हें नगर में देखने की कल्पना की। 'अभिज्ञान शाकुन्तल' में शकुन्तला के रूप में तुम्हीं मेरे सामने थीं। मैंने जब-जब लिखने का प्रयत्न किया तुम्हारे और अपने जीवन के इतिहास को फिर-फिर दोहराया। और जब उससे हटकर लिखना चाहा, तो रचना प्राणवान् नहीं

हुई। 'रघुवंश' में अज का विलाप मेरी ही वेदना की अभिव्यक्ति है और...।

मल्लिका दोनों हाथों में मुँह छिपा लेती है। कालिदास सहसा बोलते-बोलते रुक जाता है और क्षण-भर उसकी ओर देखता रहता है।

चाहता था, तुम यह सब पढ़ पातीं, परन्तु सूत्र कुछ इस रूप में टूटा था कि...।

मल्लिका मुँह से हाथ हटाकर नकारात्मक भाव से सिर हिलाती है।

मल्लिका : वह सूत्र कभी नहीं टूटा।

उठकर वस्त्र में लिपटे पन्ने कोने से उठा लाती है और कालिदास के हाथ में रख देती है। कालिदास पन्ने पलटकर देखता है।

कालिदास : 'मेघदूत'! तुम्हारे पास 'मेघदूत' की प्रतिलिपि कैसे पहुँच गयी?

मल्लिका : मेरे पास तुम्हारी सब रचनाएँ हैं। 'रघुवंश' और 'शाकुन्तलम्' की प्रतियाँ कुछ ही मास पहले मुझे मिल पायी हैं।

कालिदास : तुम्हारे पास मेरी सब रचनाएँ हैं? परन्तु वे यहाँ कैसे उपलब्ध हुईं? क्या...?

मल्लिका : उज्जयिनी के व्यवसायी कभी-कभी इस मार्ग से होकर भी जाते हैं।

कालिदास : और उनके पास ये प्रतिलिपियाँ मिल जाती हैं?

मल्लिका : मैंने कहकर मँगवायी थीं। वर्ष-दो वर्ष में कहीं एक प्रतिलिपि मिल पाती थी।

कालिदास : और इनके लिए धन?

मल्लिका : वर्ष-दो वर्ष में एक प्रति मिल पाती थी। धन एकत्रित

करने के लिए बहुत समय रहता था।

कालिदास सिर झुकाए आसन पर आ बैठता है।

कालिदास : जो अभाव वर्षों से मुझे सालते रहे हैं, वे आज और बड़े प्रतीत होते हैं, मल्लिका! मुझे वर्षों पहले यहाँ लौट आना चाहिए था ताकि यहाँ वर्षा में भीगता, भीगकर लिखता—वह सब जो मैं अब तक नहीं लिख पाया और जो आषाढ़ के मेघों की तरह वर्षों से मेरे अन्दर घुमड़ रहा है।

निःश्वास छोड़कर आसन पर रखे ग्रन्थ को उठा लेता है और उसके पन्ने पलटने लगता है।

परन्तु बरस नहीं पाता। क्योंकि उसे ऋतु नहीं मिलती। वायु नहीं मिलती।...यह कौन-सी रचना है? ये तो केवल कोरे पृष्ठ हैं।

मल्लिका : ये पन्ने अपने हाथों से बनाकर सिये थे। सोचा था तुम राजधानी से आओगे, तो मैं तुम्हें यह भेंट दूँगी। कहूँगी कि इन पृष्ठों पर अपने सबसे बड़े महाकाव्य की रचना करना। परन्तु उस बार तुम आकर भी नहीं आये और यह भेंट यहीं पड़ी रही। अब तो ये पन्ने टूटने भी लगे हैं, और मुझे कहते संकोच होता है कि ये तुम्हारी रचना के लिए हैं।

कालिदास पन्ने पलटता जाता है।

कालिदास : तुमने ये पृष्ठ अपने हाथों से बनाए थे कि इन पर मैं एक महाकाव्य की रचना करूँ!

पन्ने पलटते हुए एक स्थान पर रुक जाता है।

स्थान-स्थान पर इन पर पानी की बूँदें पड़ी हैं जो निःसन्देह वर्षा की बूँदें नहीं हैं। लगता है तुमने अपनी आँखों से इन कोरे पृष्ठों पर बहुत कुछ लिखा है। और

आँखों से ही नहीं, स्थान-स्थान पर ये पृष्ठ स्वेद-कणों से मैले हुए हैं, स्थान-स्थान पर फूलों की सूखी पत्तियों ने अपने रंग इन पर छोड़ दिए हैं। कई स्थानों पर तुम्हारे नखों ने इन्हें छीला है, तुम्हारे दाँतों ने इन्हें काटा है। और इसके अतिरिक्त ये ग्रीष्म की धूप के हल्के-गहरे रंग, हेमन्त की पत्रधूलि और इस घर की सीलन...ये पृष्ठ अब कोरे कहाँ हैं मल्लिका? इन पर एक महाकाव्य की रचना हो चुकी है...अनन्त सर्गों के एक महाकाव्य की।

ग्रन्थ रख देता है।

इन पृष्ठों पर अब नया कुछ क्या लिखा जा सकता है?

उठकर झरोखे के पास चला जाता है। कुछ क्षण बाहर देखता रहता है। फिर मल्लिका की ओर मुड़ आता है।

परन्तु इसके आगे भी तो जीवन शेष है। हम फिर अथ से आरम्भ कर सकते हैं।

अन्दर से बच्ची के कुनमुनाने और रोने का शब्द सुनायी देता है। मल्लिका सहसा उठकर उद्विग्न भाव से उस ओर चल देती है। कालिदास हतप्रभ-सा उसे जाते देखता है।

कालिदास : मल्लिका!

मल्लिका रुककर उसकी ओर देखती है।

कालिदास : किसके रोने का शब्द है यह?

मल्लिका : यह मेरा वर्तमान है।

अन्दर चली जाती है। कालिदास स्तम्भित-सा प्रकोष्ठ के बीचों-बीच आ जाता है।

कालिदास : तुम्हारा वर्तमान?

कोई द्वार खटखटाता है। फिर पैर की चोट

से द्वार अपने आप खुल जाता है। ड्योढ़ी में विलोम द्वार को कोसता खड़ा है। वस्त्र कीचड़ से लथपथ हैं। वह झूलता-सा अन्दर आता है।

विलोम : भीगे दिन में फिसलकर गिरे और गिरे खाई में।...कितनी बार कहा है भैया विलोम, बहुत ऊँचे मत चढ़ा करो। परन्तु भैया विलोम क्यों मानने लगे? पहले आये, तो द्वार बन्द। लौटकर गये और फिसल गये। फिर आये, तो द्वार बन्द। फिर लौटकर जाते, तो क्या होता? आज का दिन ही ऐसा है कि...।

कालिदास को देखकर बोलते-बोलते रुक जाता है। दृष्टि का भाव ऐसा हो जाता है जैसे किसी बहुत सूक्ष्म वस्तु का अध्ययन कर रहा हो।

न जाने आँखों को क्या हो गया है? कभी अपरिचित आकृतियाँ बहुत परिचित जान पड़ती हैं और कभी परिचित आकृतियाँ भी परिचित नहीं लगतीं।...अब यह इतनी परिचित आकृति है और मैं इसे पहचान ही नहीं रहा। आकृति जानी हुई है और व्यक्ति नया-सा लगता है।...क्यों बन्धु, तुम मुझे पहचानते हो?

मल्लिका अन्दर से आती है और विलोम को देखकर द्वार के पास जड़ हो जाती है।

कालिदास : आकृति बहुत बदल गयी है, परन्तु व्यक्ति आज भी वही हो।

विलोम : स्वर भी परिचित है और शब्द भी।

आँखें स्थिर करके देखने का प्रयत्न करता है। फिर सहसा हँस उठता है।

तो तुम हो, तुम?...गिरने और चोट खाने का सारा कष्ट

दूर हो गया! कितने दिनों से तुम्हें देखने की लालसा मन में थी। आओ...।

उसकी ओर बाँहें बढ़ाता है, परन्तु कालिदास उसके सामने से हट जाता है।

गले नहीं मिलोगे? मेरा शरीर मैला है, इसलिए? या मुझी से घृणा है? परन्तु इस तरह मेरा-तुम्हारा सम्बन्ध नहीं टूट सकता। तुमने कहा था न कि हम एक-दूसरे के बहुत निकट पड़ते हैं। नहीं कहा था? मैंने इन वर्षों में उस निकटता में अन्तर नहीं आने दिया। मैं तो समझता हूँ कि अब हम एक-दूसरे के और भी निकट पड़ते हैं।

मल्लिका की ओर मुड़ता है।

क्यों मल्लिका, मैं ठीक नहीं कहता?...तुम वहाँ स्तम्भित-सी क्यों खड़ी हो? विलोम इस घर में अब तो अयाचित अतिथि नहीं है। अब तो वह अधिकार से आता है। नहीं? अब तो वह इस घर में कालिदास का स्वागत और आतिथ्य कर सकता है। नहीं?

फिर कालिदास की ओर मुड़ता है।

कहोगे कितनी आकस्मिक बात है कि तब भी मुझसे इसी घर में भेंट हुई थी और आज भी यहीं हुई है। परन्तु सच मानो, यह आकस्मिक बात नहीं है। तुम जब भी आते, हमारी भेंट यहीं होती।

मल्लिका की ओर मुड़ता है।

तुमने अब तक कालिदास के आतिथ्य का उपक्रम नहीं किया? वर्षों के बाद एक अतिथि घर में आए और उसका आतिथ्य न हो? जानती हो? कालिदास को इस प्रदेश के हरिणशावकों का कितना मोह है...?

फिर कालिदास की ओर मुड़ता है।

एक हरिणशावक इस घर में भी है।...तुमने मल्लिका की बच्ची को नहीं देखा? उसकी आँखें किसी हरिणशावक से कम सुन्दर नहीं हैं। और जानते हो अष्टावक्र क्या कहता है? कहता है...।

मल्लिका सहसा आगे बढ़ जाती है।

मल्लिका : आर्य विलोम!

विलोम हँसता है।

विलोम : तुम नहीं चाहतीं कि कालिदास यह जाने कि अष्टावक्र क्या कहता है। परन्तु मुझे उसकी बात पर विश्वास नहीं होता। मैं इसलिए कह रहा था कि सम्भव है कालिदास ही देखकर बता सके कि अष्टावक्र की बात कहाँ तक सच है। क्या बच्ची की आकृति सचमुच विलोम से मिलती है या...?

मल्लिका हाथों में मुँह छिपाये आसन पर जा बैठती है। विलोम कालिदास के पास चला जाता है।

चलो, देखोगे?

कालिदास : यहाँ से चले जाओ विलोम।

विलोम : चला जाऊँ?

हँसता है।

इस घर से या ग्राम-प्रान्तर से ही? सुना है शासन बहुत बली होता है। प्रभुता में बहुत सामर्थ्य होती है।

कालिदास : मैं कह रहा हूँ इस समय यहाँ से चले जाओ।

विलोम : क्योंकि तुम यहाँ लौट आये हो?...क्योंकि वर्षों से छोड़ी हुई भूमि आज फिर तुम्हें अपनी प्रतीत होने लगी है?..क्योंकि तुम्हारे अधिकार शाश्वत हैं?

हँसता है।

जैसे तुमसे बाहर जीवन की गति ही नहीं है। तुम्हीं तुम हो और कोई नहीं है। परन्तु समय निर्दय नहीं है। उसने औरों को भी सत्ता दी है। अधिकार दिये हैं। वह धूप और नैवेद्य लिए घर की देहली प- रुका नहीं रहा। उसने औरों को अवसर दिया है! निर्माण किया है। ...तुम्हें उसके निर्माण से वितृष्णा होती है? क्योंकि तुम जहाँ अपने को देखना चाहते हो, नहीं देख पा रहे?

कई क्षण उसकी ओर देखता रहता है। फिर हँसता है।

...तुम चाहते हो इस समय मैं यहाँ से चला जाऊँ। मैं चला जाता हूँ। इसलिए नहीं कि तुम आदेश देते हो। परन्तु इसलिए कि तुम आज यहाँ अतिथि हो, और अतिथि की इच्छा का मान होना चाहिए।

द्वार की ओर चल देता है। द्वार के पास रुककर मल्लिका की ओर देखता है।

देखना मल्लिका, आतिथ्य में कोई कमी न रहे। जो अतिथि वर्षों में एक बार आया है वह आगे जाने कभी आएगा या नहीं।

अर्थपूर्ण दृष्टि से दोनों की ओर देखता है और चला जाता है। मल्लिका मुँह से हाथ हटाकर कालिदास की ओर देखती है। कुछ क्षण दोनों चुप रहते हैं।

मल्लिका : क्या सोच रहे हो?

कालिदास झरोखे के पास चला जाता है।

कालिदास : सोच रहा हूँ कि वह आषाढ़ का ऐसा ही दिन था। ऐसे ही घाटी में मेघ भरे थे और असमय अँधेरा हो आया था। मैंने घाटी में एक आहत हरणिशावक को

देखा था और उठाकर यहाँ ले आया था। तुमने उसका उपचार किया था।

मल्लिका उठकर उसके पास चली जाती है।

मल्लिका : और भी तो कुछ सोच रहे हो!

कालिदास : और सोच रहा हूँ कि उपत्यकाओं का विस्तार वही है। पर्वत-शिखर की ओर जाने वाला मार्ग भी वही है। वायु में वैसी ही नमी है। वातावरण की ध्वनियाँ भी वैसी ही हैं।

मल्लिका : और?

कालिदास : और कि वही चेतना है जिसमें कम्पन होता है। वही हृदय है जिसमें आवेश जागता है। परन्तु...।

मल्लिका चुपचाप उसकी ओर देखती रहती है। कालिदास वहाँ से हटकर आसन के पास आ जाता है और वहाँ से ग्रन्थ उठा लेता है।

परन्तु यह कोरे पृष्ठों का महाकाव्य तब नहीं लिखा गया था।

मल्लिका : तुम कह रहे थे कि तुम फिर अथ से आरम्भ करना चाहते हो।

कालिदास निःश्वास छोड़ता है।

कालिदास : मैंने कहा था कि मैं अथ से आरम्भ करना चाहता हूँ। यह सम्भवतः इच्छा का समय के साथ द्वन्द्व था। परन्तु देख रहा हूँ कि समय अधिक शक्तिशाली है क्योंकि..।

मल्लिका : क्योंकि?

फिर अन्दर से बच्ची के रोने का शब्द सुनायी देता है। मल्लिका झट से अन्दर चली जाती है। कालिदास ग्रन्थ आसन पर रखता हुआ जैसे अपने को उत्तर देता है।

कालिदास : क्योंकि वह प्रतीक्षा नहीं करता।

बिजली चमकती है और मेघ-गर्जन सुनायी देता है। कालिदास एक बार चारों ओर देखता है, फिर झरोखे के पास चला जाता है। वर्षा पड़ने लगती है। वह झरोखे के पास आकर ग्रन्थ को एक बार फिर उठाकर देखता है और रख देता है। फिर एक दृष्टि अन्दर की ओर डालकर ड्योढ़ी में चला जाता है। क्षण-भर सोचता-सा वहाँ रुका रहता है। फिर बाहर से दोनों किवाड़ मिला देता है। वर्षा और मेघ-गर्जन का शब्द बढ़ जाता है। कुछ क्षणों के बाद मल्लिका बच्ची को वक्ष से सटाए अन्दर आती है और कालिदास को न देखकर दौड़ती-सी झरोखे के पास चली जाती है।

मल्लिका : कालिदास!

उसी तरह झरोखे के पास से आकर ड्योढ़ी के किवाड़ खोल देती है।

कालिदास!

पैर बाहर की ओर बढ़ने लगते हैं परन्तु बच्ची को बाँहों में देखकर जैसे वहीं जकड़ जाती है। फिर टूटी-सी आकर आसन पर बैठ जाती है और बच्ची को और साथ सटाकर रोती हुई उसे चूमने लगती है। बिजली बार-बार चमकती है और मेघ-गर्जन सुनाई देता रहता है।)

परिशिष्ट

* **मोहन राकेश**

  एक युगान्तकारी नाटककार
* **मूल्यांकन**

  अनेक रंगकर्मियों तथा

  आलोचकों के विचार;

  नाटकों का मंचन
* **समीक्षात्मक विश्लेषण**

  नेमिचन्द्र जैन का आलेख
* **कठिन शब्दों के अर्थ**
* **छात्रों के लिए कुछ प्रश्न**

मोहन राकेश : एक युगान्तकारी नाटककार

मोहन राकेश ने अनेक नाटकों की रचना की है, जिनमें 'आषाढ़ का एक दिन', 'लहरों के राजहंस', 'आधे अधूरे' और 'पैर तले की जमीन' आदि हैं। इन नाटकों की विशेषता यह है कि पाठक उन्हें पढ़ कर आनन्दित तो होता ही है परन्तु रंगमंच पर इनका प्रदर्शन देखकर नाटककार की रचना-धर्मिता से भी प्रभावित हुए बिना नहीं रहता। किसी नाटक की यह विशेषता होती है कि वह रंगमंच के योग्य हो और उस पर खरा उतरे। इस दृष्टि से 'आषाढ़ का एक दिन' श्रेष्ठतम सिद्ध हुआ है।

राकेश जी के नाटक भारत के अनेक महत्त्वपूर्ण नगरों में तो मंचित हुए ही हैं, उनका मंचन अँग्रेजी माध्यम से विदेशों में भी हुआ है। और सभी स्थानों पर इनका रंगमंचीय प्रदर्शन काफी सराहा गया है।

मोहन राकेश ने अपने नाटकों के मूल कथन, काल बोध, बिम्बों और ऐतिहासिकता के माध्यम से प्राचीन काल की प्रशंसा की बजाय वर्तमान समस्याओं को उठाने का, उन्हें उजागर करने का प्रयत्न किया—और इस बात की सभी विद्वानों, स्वयं रंगकर्मियों, निर्देशकों, अभिनेताओं और समीक्षकों ने प्रशंसा की है। इनमें विशेष रूप से नेमिचन्द्र जैन, अलकाज़ी रामगोपाल, कीर्ति जैन, डॉ. सुरेश अवस्थी, सत्यदेव दुबे, कलकत्ता की

प्रतिभा अग्रवाल, गिरीश रस्तोगी, सुधा शिवपुरी, कन्हैयालाल नन्दन, ओम शिवपुरी, त्रिपुरारी शर्मा, इब्राहीम अलकाज़ी, सुशील चौधरी, अम्माल अल्लाना तथा अन्य अनेक रंगमंच से सम्बन्धित व्यक्ति और विद्वान् समीक्षक आते हैं।

मोहन राकेश के लिखे नाटकों को पढ़कर और उनका मंचन देखकर यह स्पष्ट हो जाता है कि वे कथात्मक और नाट्य विधा दोनों पर समान अधिकार रखते हैं--दोनों विधाओं पर उनकी गहरी पकड़ है। वे कहीं भी कथात्मकता के चक्कर में नाट्य विधा को पीछे नहीं छोड़ते। उन्होंने दोनों का समान निर्वाह किया है।

सम्भवतः मोहन राकेश को अपने संक्षिप्त जीवनकाल में जो ख्याति प्राप्त हुई, उसका कारण उनके नाटक ही थे–जिसके कारण वे एक युगान्तकारी नाटककार सिद्ध हुए। सम्भवतः ऐसा सौभाग्य अन्य नाटककारों को प्राप्त नहीं हो सका। इनके नाटकों से कथा साहित्य में एक नवीनता के दर्शन हुए और हिन्दी रंगमंच के विकास में भारी सहायता मिली।

नाटककार के रूप में मोहन राकेश को ख्याति इसलिए भी प्राप्त हुई कि वे अपने नाटकों के मंचन से सम्बन्धित सभी बातों का विवरण देते थे। यह बात उनकी डायरी के पन्नों से स्पष्ट होती है। इन बातों से रचना-धर्मिता के प्रति उनकी समर्पण भावना का पता चलता है।

कहानीकार के रूप में

मोहन राकेश ने कहानियाँ और उपन्यास भी लिखे हैं। अपनी कहानियों के सम्बन्ध में वे स्वयं कहते हैं–

"नये दौर की मेरी अधिकांश कहानियाँ सम्बन्धों की यन्त्रणाओं को अकेलेपन से झेलते हुए लोगों की कहानियाँ हैं। यह अकेलापन समाज से कटकर रहने का अकेलापन नहीं, वरन् समाज के बीच में होने का

अकेलापन है।'' उन्होंने अपने कथा और नाट्य साहित्य में व्यक्ति की मानसिक और सामाजिक यन्त्रणाओं को उजागर करने का यत्न किया है।

राकेश जी की एक विशेषता यह थी कि वे सदा डायरी लिखते थे। अनेक लेखक डायरी नहीं लिखते क्योंकि उसमें जीवन की सही और सच्ची बातें लिखना कठिन होता है। मोहन राकेश की खास बात यह है कि उन्होंने अपनी डायरी में बड़ी बेबाकी से, बड़े खुलेपन से अपने सम्बन्ध में भी लिखा है। इसमें दिन प्रतिदिन की घटनाओं के अतिरिक्त अपने आसपास की ज़िन्दगी, अपने मित्रों—जिनमें महिला-मित्र भी हैं, पर बड़ी स्पष्टता के साथ सभी कुछ लिखा है। इसके अतिरिक्त भला यह कैसे सम्भव था कि वह अपने लेखन और लेखन से सम्बन्धित गतिविधियों के सम्बन्ध में नहीं लिखते। मजा यही है कि उन्होंने अपने जीवन की घटनाएँ लिखते हुए अपने आपको भी नहीं बख़्शा।

मोहन राकेश का जीवन मुख्यतः तीन स्थानों पर बीता था—जालन्धर, दिल्ली और बम्बई। जालन्धर प्रवास उनके प्रारम्भिक निर्माण और विकास के काल से जुड़ा है। दिल्ली और बम्बई लेखक के रूप में स्थापित हो जाने के बाद उपलब्धियों का काल था।

राकेश जी का जन्म अमृतसर की एक तंग-सी गली के एक छोटे-से घर में हुआ था। परन्तु इस छोटे-से घर में जन्म लेनेवाले व्यक्ति ने सारे भारत को अपना घर बना लिया और भारत के अनेक भागों में घूमा, गया और विचरा। अमृतसर में उनके छोटे-से, तंग-से घर के पास एक और घर था जिसका आँगन खुला था—अड़ोस-पड़ोस के बच्चे वहाँ खेलते, राकेश भी उनमें होते—परन्तु इन दो-चार बच्चों के साथ बचपन में खेलनेवाले राकेश ने भारत के खुले आँगन में अपने समय के प्रायः सभी लेखकों के साथ दिन बिताए, शामें बितायीं और साहित्य के विशाल आँगन में खेला।

राकेश जी ने अपने जीवन का कुछ समय कॉलेज के अध्यापक के रूप में बिताया और तभी लिखना भी आरम्भ किया। उनकी कुछ पुस्तकें काफी चर्चित रहीं—जिनमें उनके नाटकों के अतिरिक्त उनकी डायरी भी है। इस डायरी का सम्बन्ध अनेक स्थानों की घटनाओं और व्यक्तियों से है।

इसी दौरान उनका लेखन भी चलता रहा और लेखक राकेश जीवन की, मन की, मित्रों की और अपने खुलेपन की अनेक समस्याओं से जूझता रहा। एक के बाद दूसरे अनेक पड़ावों से गुजरती हुई राकेश जी की यह साहित्यिक यात्रा आधुनिक हिन्दी साहित्य का महत्त्वपूर्ण दस्तावेज है।

आज वे हममें नहीं हैं पर राकेश अपने पीछे जो कथा और नाटक साहित्य छोड़ गये हैं, उसके कारण उनका महत्त्व, उनकी याद चिरकाल तक बनी रहेगी।

आषाढ़ का एक दिन : मूल्यांकन

'आषाढ़ का एक दिन' नाट्य लेखन के क्षेत्र में एक महत्त्वपूर्ण उपलब्धि है। वस्तुतः हिन्दी के जिन एक-दो लेखकों ने नाटकों में यथार्थपरकता और काव्यात्मकता का श्रीगणेश किया था, 'आषाढ़ का एक दिन' उसकी महत्त्वपूर्ण परिणति है।

इस नाटक की प्रत्यक्ष विषय-वस्तु कालिदास के जीवन से सम्बन्धित है परन्तु उसके प्रसिद्धि को प्राप्त होने से पहले उसकी प्रेयसी मल्लिका का यह नाटक है जो उसकी अपनी नियति का ही चित्र है। वह समर्पित लड़की उससे प्रेम ही नहीं करती, वरन् उसे अपने जीवन में महान् होता भी देखना चाहती है। इसके लिए उसे अपना सर्वस्व देकर प्रतीक्षा करनी पड़ती है। कालिदास मल्लिका के लिए सम्पूर्ण व्यक्तित्व और एकाकार स्वप्न की भाँति है तो मल्लिका कालिदास की एकमात्र प्रेरणा। मोहन राकेश ने जिस एकाग्रता, तीव्रता और गहराई के साथ इन भावनाओं को व्यक्त किया है वह हिन्दी नाटकों के लिए नई चीज़ है।

सुप्रसिद्ध नाट्य समालोचक नेमिचन्द्र जैन का कहना है कि–

''नाट्य रूप की दृष्टि से 'आषाढ़ का एक दिन' सुगठित यथार्थवादी नाटक है। इसमें बाह्य ब्योरे की अपेक्षा परिस्थिति के काव्य को अभिव्यक्त करने का प्रयास है। हिन्दी में यह पहला यथार्थवादी नाटक है जो बाह्य और आंतरिक यथार्थ के अन्तर्द्वन्द्व को संवेदनशीलता के साथ देखता

है। घटनाएँ, पात्र और भाव इसमें इस प्रकार रखे गये हैं कि वे अपने आप में नाटकीय प्रभाव उत्पन्न करते हैं।

निस्सन्देह हिन्दी नाटक के परिप्रेक्ष्य में, भाव वस्तु और रूपबन्ध दोनों के स्तर पर 'आषाढ़ का एक दिन' ऐसा पर्याप्त, सघन, तीव्र और भावोदीप्त लेखन प्रस्तुत करता है जैसा हिन्दी नाटकों में कम ही हुआ है। इसमें भाव और स्थिति की गहराई में जाने का प्रयास है और पूरा नाटक एकसाथ कई स्तरों पर प्रभावकारी है। इसमें बिंबों के प्रभावी नाटकीय प्रयोग के साथ-साथ शब्दों की अपूर्व मितव्ययिता भी है। भाषा में ऐसा नाटकीय काव्य है जो हिन्दी नाटकीय गद्य में अभूतपूर्व है।

हिन्दी के अन्य ढेरों तथाकथित ऐतिहासिक नाटकों से 'आषाढ़ का एक दिन' इसलिए मौलिक रूप से भिन्न है कि इसमें अतीत का न तो पुनरुत्थानवादी गौरवगान है और न भावुकतापूर्ण अति नाटकीय स्थितियाँ रचने का प्रयास किया गया है। यह सही अर्थों में आधुनिक हिन्दी नाटक की शुरुआत का सूचक है।"

'आषाढ़ का एक दिन' नाटक का अनेक बार मंचन हो चुका है। हिन्दी के अतिरिक्त अँग्रेज़ी में भी इसके अनुवाद और मंचन हो चुके हैं। अनेक प्रसिद्ध नाट्य-समीक्षकों, निर्देशकों और अभिनेताओं ने इसे देखा, निर्देशित किया और सराहा।

प्रसिद्ध निर्देशक, अभिनेता और समीक्षक रामगोपाल बजाज इस नाटक के सम्बन्ध में कहते हैं–

"मेरा यह मानना है कि साहित्य और कला समसामयिक होते हुए भी जीवन के व्यापक प्रश्नों को उठाते हैं। इस दृष्टि से मोहन राकेश का कथा साहित्य एवं नाटक आटे-दाल की महँगाई, दल-बदल की राजनीति का साहित्य नहीं है। 'आषाढ़ का एक दिन' में भी महत्त्वाकांक्षा, रचनाधर्मिता, शरीरी और अशरीरी के बीच चेतना की प्रवृत्ति एवं पीड़न व्यापक है। मल्लिका प्रकृति एवं औदात्य की प्रतीक लगती है। कालिदास

का आक्रोश और मोहभंग मात्र परिवेश से ही नहीं स्वयं अपनी समझ और प्रकृति के प्रति भी है जिसके साथ नाटक के अन्त में वह एक और यात्रा का आरम्भ करता है। कालिदास के चाहे बिना मल्लिका का औदात्य आत्मदान अकेला छूट जाता है। अनजान मातुल बाह्य सामाजिक संक्रान्ति के मूल्यों की पंगुता का प्रतीक बन सके ऐसी कोशिश है। मैं आभारी हूँ कि श्री बंशी कौल मेरी सोच से सहमत हैं।

शैली की दृष्टि से आधुनिक चाक्षुष बिम्बों के साथ भाषा के शब्दों में जो व्यंजक बिम्ब हैं, वे ही सोना हैं। राकेश जी की रचनाओं में मुझे इसकी सिद्धि के दर्शन हुए हैं।''

प्रसिद्ध नाट्यकर्मी फैसल अलकाजी कहते हैं–

''पहली बार एक पूर्णाकार नाटक का अपनी नाट्य मंडली 'रुचिका' द्वारा मोहन राकेश के नाटक 'आषाढ़ का एक दिन' का चुनाव कई कारणों से किया–मुझे इस नाटक में अपनी आयु के लोगों के लिए कई ऐसी सार्थक चीज़ें दिखाई दीं जिन्हें मैं अपने ढंग से पेश करना चाहता था। इसके साथ ही नाटक के सफल अँग्रेज़ी अनुवाद, उसकी गढ़ी हुई बुनावट, बिम्बों की स्पष्टता और भाषा की सुन्दरता ने भी मुझे अपनी ओर आकर्षित किया।

नाटक में कुछ ऐसे बिम्ब हैं जो मुझे काफी दिनों तक बाँधे रखेंगे–इनमें आरम्भ में बिजली की चमक के साथ अम्बिका का चिन्तित रूप में प्रवेश, कालिदास के पैरों की दूर होती आहट, मल्लिका का काले वस्त्र पहने हुए अकेलापन और एक बार फिर अलग होते दो प्रेमी, कालिदास की धीमी चहलकदमी, मल्लिका का आँसुओं में डूबा हुआ चेहरा और तूफान के दृश्य अत्यन्त प्रभावकारी हैं।''

वर्जीनिया, अमरीका के मेरी वाशिंगटन कॉलेज में इस नाटक का मंचन हुआ। वहाँ के प्रोफेसर जार्ज सेंट जुलियन का कहना है–

"इस आधुनिक भारतीय नाटक की उत्तरी अमरीका में पहली प्रस्तुति थी। यह एक ऐसे नाटक की सुन्दर प्रस्तुति थी जो अमरीकी अभिनेताओं के लिए बहुत कठिन थी।"

उन्होंने अपने अभिनेताओं के कार्य की व्याख्या करते हुए अन्त में 'आषाढ़ का एक दिन' के सम्बन्ध में कहा है–"यदि आप, नवीनतम ब्राडवे हिट की बजाय रंगकला के शौकीन हैं तो 'आषाढ़ का एक दिन' अवश्य देखिए–नहीं तो आपको एक दिन पछताना पड़ेगा।"

आषाढ़ का एक दिन : समीक्षात्मक विश्लेषण

"हिन्दी नाटक की इस यात्रा में 'आषाढ़ का एक दिन' कई प्रकार से एक महत्त्वपूर्ण पड़ाव तो है ही, इस दौर की नाटक लेखन की श्रेष्ठतम उपलब्धियों में गिनने योग्य भी है। कुछ लेखकों ने नाटक में सहज स्वाभाविकता और नाटकीयता के यथार्थपरकता और काव्यात्मकता के जिस मिश्रण का सूत्रपात किया था उसकी महत्त्वपूर्ण परिणति 'आषाढ़ का एक दिन' में हुई है।"

"इसके साथ समकालीन अनुभव के और भी कई आयाम इस नाटक में हैं, जो इसे एकाधिक स्तर पर सार्थक और रोचक बनाते हैं। उसका नाटकीय संघर्ष, कला और प्रेम, सर्जनशील व्यक्ति और परिवेश, भावना और कर्म, कलाकार और राज्य आदि कई स्तरों को छूता है। इसी प्रकार काल के आयाम को बड़ी रोचक तीव्रता के साथ नाटक में प्रस्तुत किया गया है।"

" 'आषाढ़ का एक दिन' में कालिदास और मल्लिका के अतिरिक्त विलोम भी एक पात्र है। उसे खलनायक कहकर टाला नहीं जा सकता। वह कालिदास से भी अधिक विकसित पात्र है। उसके बिना यह नाटक भावुकतापूर्ण और शिथिल रह जाता। उसके तर्कों में ही नहीं, उसकी पूरी जीवन दृष्टि में एक ऐसी आवश्यकता और अनिवार्यता है कि उसकी गिनती हिन्दी नाटक के कुछ अविस्मरणीय पात्रों में होगी। कई प्रकार से विलोम मोहन राकेश की एक अनुपम नाटकीय चरित्र-सृष्टि है।"

पात्रों में विसदृशता के दो अन्य रोचक रूप हैं, इस नाटक में मल्लिका की माँ अम्बिका, और कालिदास का मामा मातुल। दोनों बुज़ुर्ग हैं, नाटक के दो प्रमुख तरुण पात्रों के अभिभावक। दोनों ही अपने-अपने प्रतिपालितों से असन्तुष्ट, बल्कि निराश हैं। फिर भी दोनों एक-दूसरे से एकदम भिन्न, बल्कि लगभग विपरीत हैं। दोनों के बीच यह भिन्नता संस्कार, जीवनदृष्टि, स्वभाव, व्यवहार, बोलचाल, भाषा आदि अनेक स्तरों पर उकेरी गयी है। इससे मल्लिका और कालिदास दोनों के चरित्र अधिक सूक्ष्मता और रोचकता के साथ रूपायित हो सके हैं। ऐसी ही दिलचस्प विसदृशता निक्षेप और कालिदास तथा मल्लिका और प्रियंगुमंजरी के बीच भी रची गयी है।

इसी तरह बहुत संयत और प्रभावी ढंग से, व्यंग्य और सूक्ष्म हास्य के साथ, समकालीन स्थितियों की अनुगूंज पैदा की गयी है रंगिणी-संगिणी और अनुस्वार-अनुनासिक की दो जोड़ियों के द्वारा। यह थोड़ी ही देर के लिए आते हैं पर बड़ी कुशलता से कई बातें व्यंजित कर जाते हैं। वास्तव में 'आषाढ़ का एक दिन' का लेखन और प्रदर्शन दोनों ही स्तरों पर व्यापक सफलता का आधार है उसकी बेहद सधी हुई, संयमित और सुचिंतित पात्र-योजना। इसमें कोई आश्चर्य की बात नहीं कि 'आषाढ़ का एक दिन' पिछले तीस-बत्तीस वर्षों में देश की अनेक भाषाओं में, अनेक केन्द्रों में बार-बार खेला गया है और अब भी उसका आकर्षण चुका नहीं है।

नाट्यरूप की दृष्टि से 'आषाढ़ का एक दिन' सुगठित यथार्थवादी नाटक है, जिसमें बाह्य ब्यौरे की बातों से अधिक परिस्थिति के काव्य को अभिव्यक्त करने का प्रयास है। शायद हिन्दी का यह पहला यथार्थवादी नाटक है जो बाह्य और आन्तरिक यथार्थ की समन्विति और अन्तर्द्वन्द्व को सम्वेदनशीलता के साथ देखता और प्रस्तुत करता है। नाटक में कार्य-व्यापार के संयोजन में गति पर्याप्त तीव्र ही नहीं है, उस तीव्रता के भीतर लय की विविधता भी है; विभिन्न भावों और स्थितियों को, विभिन्न पात्रों को, इस प्रकार-आमने-सामने रखा गया है कि वे

अपने आप में नाटकीय प्रभाव उत्पन्न करते हैं और परवर्ती परिणति को भी यथासम्भव अनिवार्य और विश्वसनीय बनाते हैं। फिर भी तीसरे अंक में मल्लिका के स्वगत-भाषण और कालिदास के लम्बे एकालाप में गति का संयोजन ठीक नहीं रहता। बल्कि कालिदास का प्रवेश जितना नाटकीय है, उसका परवर्ती भाषण उतना ही उद्घाटनमूलक होने के कारण तीव्रता को कम करता है। चरम-बिन्दु के इतने समीप पहुँचकर भाषण द्वारा स्थिति का उद्घाटन बहुत अच्छी नाटकीय युक्ति नहीं, विशेषकर जबकि बाकी नाटक में राकेश कार्य-व्यापार के द्वारा ही सफलतापूर्वक उद्घाटन करते रहे हैं। पर तीसरे अंक की यह दुर्बलता शीघ्र ही नियन्त्रण में आ जाती है और द्वार खटखटाये जाने के बाद से नाटक बड़ी दुर्दम्य और तीव्र गति से चरम परिणिति की ओर अनिवार्यतापूर्वक चलता जाता है।

निस्सन्देह, हिन्दी नाटक के परिप्रेक्ष्य में, और भावस्तु और रूपबन्ध दोनों के स्तर पर, 'आषाढ़ का एक दिन' ऐसा पर्याप्त सघन, तीव्र और भावोद्दीप्त लेखन प्रस्तुत करता है जैसा हिन्दी नाटक में बहुत कम ही हुआ है। उसमें भाव और स्थिति की गहराई में जाने का प्रयास है और पूरा नाटक एकसाथ कई स्तरों पर प्रभावकारी है। बिम्बों के बड़े प्रभावी नाटकीय प्रयोग के साथ-साथ उसमें शब्दों की अपूर्व मितव्ययता भी है और भाषा में ऐसा नाटकीय काव्य है जो हिन्दी नाटकीय गद्य के लिए अभूतपूर्व है।

एक बात और। हिन्दी के ढेरों तथाकथित नाटकों से 'आषाढ़ का एक दिन' इसलिए मौलिक रूप में भिन्न है कि उसमें अतीत का न तो तथाकथित विवरण है, न पुनरुत्थानवादी गौरव-गान, और न ही वह कोई भावुकतापूर्ण अतिनाटकीय स्थितियाँ रचने की कोशिश करता है। उसकी दृष्टि कहीं ज्यादा आधुनिक और सूक्ष्म है जिसके कारण वह सही अर्थ में आधुनिक हिन्दी नाटक की शुरुआत का सूचक है।

आषाढ़ का एक दिन : कठिन शब्दार्थ

कुम्भ : घड़ा
धारासार : मूसलाधार, लगातार
जुड़ा जाना : ठण्ड लग जाना, सर्दी से अकड़ जाना
तल्प : तख्त, पलंग
अंशुक : दुपट्टा, ओढ़नी
भर्त्सना : निन्दा, डाँट-फटकार
अपवाद : बदनामी, लाँछन
अनश्वर : नष्ट न होने वाला, अमर
वितृष्णा : चाह का अभाव, उदासीनता
आत्म-प्रवंचना : अपने-आपको धोखा देना
आस्तरण : बिछावन, बिस्तर
अनुसरण : पीछा, नकल
सामुद्रिक : ज्योतिष
पार्वत्य भूमि : पहाड़ी क्षेत्र
पूर्वाग्रह : पहले से कोई धारणा बना लेना
आत्मसीमित : अपने तक ही केन्द्रित
विलोम : विपरीत, उल्टा
उपादान : कारण, प्रयोग में लाना

भागिनेय : भानजा

वंशावतंस : वंश का चिराग, वंश का नाम रोशन करनेवाला

क्रीत : खरीदा हुआ

निष्णात : चतुर

अभ्यागत : अतिथि, पाहुना

विचक्षणता : अनोखापन

व्यवधान : फासला, अन्तर

अनर्गलता : बेसिर-पैर की बात, बेमानी

विदग्ध दृष्टि : जलनपूर्ण नज़र

भास्वन्ति रत्नानि महौषधीश्च : जहाँ रत्न और औषधियाँ चमकती हैं

निर्व्याज : बिना बहाने के

आयास : मेहनत, कष्ट

स्थपति : वास्तुकार, मकान आदि बनाने वाला, आर्किटेक्ट

परिसंस्कार : सुधारना, ठीक करना

अनुकृतियाँ : नकल

अयाचित : बिना माँगे

हताशा : निराशा

प्रतिहारी : पहरेदार, अंगरक्षक

विन्यास : बनावट

उपत्यका : पहाड़ की तलहटी

‘आषाढ़ का एक दिन’ छात्रों के लिए कुछ प्रश्न

1. कालिदास की किस रचना से (ऋतुसंहार, मेघदूत अथवा अन्य) इस नाटक का सम्बन्ध मानते हैं?
2. आप नाटक का मुख्य पात्र किसे समझते हैं और क्यों?
3. इस नाटक में मल्लिका की मुख्य भूमिका पर प्रकाश डालें?
4. मल्लिका का चरित्र-चित्रण करें।
5. क्या अम्बिका का पात्र के रूप में रहना आवश्यक समझते हैं, क्यों?
6. कालिदास का चरित्र-चित्रण इस नाटक के आधार पर कीजिए।
7. विलोम के चोट खाकर लंगड़ाकर चलने की घटना का आप क्या कारण मानते हैं?
8. विलोम ने अपनी व्यथा-कथा कब और किससे किस सन्दर्भ में प्रकट की?
9. मातुल प्रियंगु से कुलीनता की क्या व्याख्या करता है?
10. नाटक में मातुल की भूमिका क्या है?
11. अनुस्वार और अनुनासिक शब्दों के अर्थ क्या हैं?
12. क्या विलोम शब्द का अर्थ बताकर यह स्पष्ट करेंगे कि उसकी नाटक में क्या भूमिका है?

13. खलनायक किसे कहते हैं? खलनायक मानव चरित्र के किस पक्ष को प्रस्तुत करता है?
14. स्थपति का मुख्य कार्य क्या होता है? क्या आप किसी भारतीय अथवा विदेशी स्थपति के सम्बन्ध में जानते हैं कि उसने/उन्होंने इस भारत देश में क्या कार्य किया?
15. प्रियंगुमंजरी का चरित्र चित्रण करें और बताएँ कि क्या वह उसकी स्थिति के अनुकूल है?
16. उसके चरित्र में मल्लिका के प्रति कहीं ईर्ष्या या विद्वेष की-सी भावना तो प्रकट नहीं होती?
17. परिसंस्कार शब्द का अर्थ क्या है?
18. नाटककार मोहन राकेश के सम्बन्ध में कम से कम 15 पंक्तियों में लिखकर स्पष्ट करें।
19. 'आषाढ़ का एक दिन' में मेघ गर्जन और वर्षा की आवाज़ें सुनाई देने का अर्थ क्या है और इससे क्या प्रकट होता है?
20. मोहन राकेश ने अन्य कौन-कौन से नाटक लिखे हैं?
21. उनके नाटकों का मंचन कहाँ-कहाँ और किन भाषाओं में हो चुका है?
22. "यह लोक नीति है, मैं तो कहूँगा कि लोक नीति और मूर्ख नीति दोनों का एक ही अर्थ है।"
उक्त वाक्य किसने किस सन्दर्भ में किससे कहा?
23. "वर्षों का व्यवधान भी विपरीत को विपरीत से दूर नहीं कर सकता।" यह बात किसने किससे किस सन्दर्भ में कही?
24. नाटकों में 'स्वगत भाषण' से आप क्या समझते हैं? कहीं-कहीं यह आवश्यक क्यों हो जाता है?
25. "मेरे भीगे होने की चिन्ता मत करो।...जानती हो, इस तरह भीगना भी जीवन की एक महत्त्वाकांक्षा हो सकती है? वर्षों

के बाद भीगा हूँ। अभी सूखना नहीं चाहता।" उक्त वाक्य किसने, किससे किस सन्दर्भ में कहा? क्या इसका कोई अन्तर्निहित अर्थ भी हो सकता है? यदि है तो स्पष्ट करें।

26. 'अथ से आरम्भ करना', इस मुहावरे का अर्थ स्पष्ट करें।
27. प्राचीन काल में जब प्रिंटिंग प्रेस का आविष्कार नहीं हुआ था तो भारतीय अपने ग्रन्थों की रचना कैसे करते थे?
28. कालिदास के एक अत्यन्त महत्त्वपूर्ण और सुप्रसिद्ध नाटक का नाम बताइए।
29. "आश्चर्य?...मुझे विश्वास ही नहीं हो रहा कि तुम तुम हो, और मैं जो तुम्हें देख रही हूँ वास्तव में मैं मैं ही हूँ।" यह किस पात्र का कथन है और किस सन्दर्भ में कहा गया है? इस तरह की बात व्यक्ति कब करता है? और उसका अर्थ क्या होता है?
30. निम्न शब्दों, वाक्यांशों का प्रयोग करके सार्थक वाक्यों की रचना करो—टूटा-हारा, अपवाद, निरर्थक प्रलाप, सौन्दर्य का साक्षात्कार, प्रकोष्ठ, आतिथ्य, निष्ठुर, आत्मसीमित, स्थपति, तल्प, सम्राट्, उज्जयिनी, अभ्यर्थना, आर्यपुत्र, चाटुकारिता आदि।
31. 'आषाढ़ का एक दिन' नाटक को एक कहानी के रूप में लिखें।
32. 'लीपने-बुहारने' का क्या अर्थ है? इसका किस सन्दर्भ में प्रयोग होता है?
33. 'लोकनाट्य' किसे कहते हैं? उदाहरण देकर बताएँ।
34. मोहन राकेश के नाटकों का मंचन सरल क्यों माना जाता है?
35. 'आषाढ़ का एक दिन' नाटक की रंगमंच सज्जा के सम्बन्ध में आपके क्या विचार हैं?
36. यवनिका का क्या अर्थ है?
37. कुछ नाटकों में सूत्रधार भी होता है। उससे नाटक मंचन में क्या सहायता मिलती है?

38. अभिनय कला का क्या अर्थ है? रंगमंच पर अभिनेता से क्या अपेक्षा की जा सकती है?
39. मोहन राकेश के नाटक 'आषाढ़ का एक दिन' के सम्बन्ध में किसी अमरीकन ने क्या कहा है?
40. बिम्ब किसे कहते हैं? इनके ज़रिए नाटककार क्या प्रकट करना चाहता है?
41. मल्लिका के चरित्र-चित्रण में नाटककार ने क्या प्रकट करने का यत्न किया है?
42. कालिदास की उपस्थिति में मल्लिका के घर के अन्दर से बच्चे के रोने की आवाज़ से मल्लिका के चरित्र का कौन-सा पक्ष स्पष्ट होता है।
43. 'अयाचित स्थिति' से आप क्या समझते हैं, इसका अर्थ क्या है?
44. प्राचीन काल में महिलाएँ अपने पति को किस सम्बोधन से पुकारती थीं?
45. "आज तुम्हारा जीवन तुम्हारी सम्पत्ति है", इसका भावार्थ क्या है? और यह बात किसने किस सन्दर्भ में किससे कही है?

❑❑❑